LA REBELIÓN DE LOS PANDEMIALS

PARADIGMA

LIBROS

Maure 1786
CP 1426, Capital Federal
Tel: [+5411] 4777-2746

www.paradigmalibros.com

Federico Dominguez

LA REBELIÓN DE LOS PANDEMIALS

Los Ciclos Humanos
y la Década de las Turbulencias

EDITORES ARGENTINOS

Dominguez, Federico

La Rebelión de los Pandemials: los ciclos humanos
y la década de las turbulencias / Federico Dominguez.
- 1a ed. - Ciudad Autónoma de Buenos Aires:
Editores Argentinos y hnos., 2020.

230 p.; 23 x 16 cm.

ISBN 978-987-95867-8-5

1. Política. 2. Pandemias. I. Título.

CDD 303.49

Diseño de cubierta: Gonzalo Lercari
Corrección: Dalia Goldman
Diseño de interior: Gustavo Lencina

Editores Argentinos
www.eeaa.com.ar
info@eeaa.com.ar
Hecho el depósito que indica la ley 11.723
Impreso en Argentina.

Para Flor

CONTENIDO

INTRODUCCIÓN

"Este es el momento más peligroso para nuestro planeta."
Stephen Hawking

La libertad ha sido algo raro en la historia de la humanidad. Hasta la llegada de los estados liberales modernos, los derechos de las personas eran muy reducidos, y la mayoría vivía en el campo en la extrema pobreza. Esto comenzó a cambiar con la Revolución Gloriosa de 1688 en la que el parlamento inglés puso un límite a la monarquía, y se garantizaron una serie de derechos que sentaron las bases para la ampliación de las libertades individuales, el crecimiento económico y el surgimiento del estado liberal que conocemos hoy en día. Un siglo más tarde ese proceso se consolidó y expandió con la Revolución Norteamericana y la Francesa.

El liberalismo, el padre del mundo moderno, es una doctrina que promueve las libertades, tanto las civiles como las económicas, y se opone al absolutismo y al conservadurismo al afirmar que todos los humanos tienen el mismo valor moral y los mismos derechos. Es un compromiso a favor de la dignidad humana, el tamaño limitado del gobierno, las libertades individuales, la ciencia, el debate y la reforma constante en pos del progreso humano. Con los estados liberales modernos la humanidad comenzó un ciclo de prosperidad creciente basado en avances tecnológicos, libertad, democracia, capitalismo y caída ininterrumpida de la pobreza. En los países desarrollados el período más próspero fue el posterior a la Segunda Guerra Mundial, cuando las personas de todos los grupos sociales podían aspirar a un empleo, una vivienda y una educación que les permitiera progresar.

Durante esos años, el máximo logro fue la *meritocracia*, compuesta por un conjunto de derechos garantizados, y un entorno económico que permitió que aquéllos que se esforzaban pudieran alcanzar la prosperidad económica. La meritocracia es un sistema político en el cual la distribución de los bienes y el poder político están establecidos en función del talento, el esfuerzo y los logros, en lugar de la riqueza heredada o la clase social de origen. La meritocracia pura es una utopía difícil de alcanzar, siempre habrá algunos con una situación más cómoda por cuestiones económicas, culturales y hasta generacionales. Pero el Sistema busca garantizar un piso de oportunidades que genere mayor movilidad social.

La caída del Muro de Berlín, en 1989, marcó el pico de un ciclo de prosperidad creciente y aumento de las libertades de más de dos siglos de duración. Tras ese hito histórico una fase de estancamiento relativo comenzó a expandirse a nivel global y perdura hasta hoy. En la actualidad, el liberalismo se encuentra dominado por elites tecnocráticas cerradas que generaron un complejo sistema del que solo pueden sacar provecho unos pocos y distanciando a los ciudadanos de sus gobiernos. Con la caída del bloque soviético los gobiernos liberales, al no tener un enemigo contra el cual luchar, perdieron el rumbo, dejaron de preocuparse por la gente común, dejaron de invertir en ciencia e iniciaron una *Era de Desencanto*. Los gobiernos están compuestos por personas, y estas se impregnaron del espíritu más individualista y menos comunitario que caracterizó los años 80 y 90. El orden social de muchos países occidentales dejó de cumplir su promesa de ofrecer posibilidades a todo el mundo. El contrato tácito entre los ciudadanos y sus gobernantes comenzó a resquebrajarse. Esta crisis del sistema de representación se potencia con la pandemia, y es común tras este tipo de eventos que el electorado busque la figura del *líder* que resuelva sus problemas.

El Covid-19 no solo agravó este panorama, que ya se perfilaba difícil de solucionar antes de la crisis del 2020. Las asimetrías puestas al descubierto por la pandemia aceleraron los tiempos previstos y ciclos, como los de *Inequidad*, *Madre Naturaleza*, *Tecnología y Espíritu Humano*, que colapsarán durante la década de 2020.

El *precariado* es la clase social que emergió de este periodo de desencanto. Está compuesta por un número muy grande de personas que experimentan un estancamiento de sus ingresos, tienen trabajos inestables y se encuentran con que su nivel académico excede los trabajos que pueden obtener. Guy Standing, profesor de la Universidad de Londres, definió tres subgrupos dentro del *precariado*. El primer grupo son los *atavistas* que tienen un bajo nivel de educación, provienen de familias y comunidades que han experimentado desindustrialización, y añoran el pasado. Entre ellos están muchos de los que votaron por Donald Trump, por Jair Bolsonaro, por Marie Le Pen y por la Liga Norte en Italia. Suelen pertenecer a la mayoría étnica de la sociedad. El segundo, los *nostálgicos*, está compuesto por minorías étnicas e inmigrantes, que no se sienten como ciudadanos, ni escuchados por el Estado. En la práctica, este los considera ciudadanos de segunda. Tienden a votar por partidos de centro como los Demócratas en los Estados Unidos. El tercer grupo son los *progresistas*, quienes ven un futuro perdido. Son los jóvenes que fueron a la universidad y escucharon la promesa de sus familias, sus comunidades, y sus maestros: si estudian tendrán el futuro asegurado.[1] Pero al llegar a la edad adulta se dan cuenta que todo es mucho más complicado que lo que suponían. Son muchos de los que votan por candidatos de izquierda como Bernie Sanders, Podemos en España, el PT en Brasil, y el kirchnerismo en Argentina.

El *precariado* ya no pertenece a una comunidad que le brinde seguridad e identidad, un sentido de solidaridad, reciprocidad y apoyo mutuo. Ni siquiera pueden ejercer plenamente sus derechos ciudadanos debido a que el sistema creado por la tecnocracia es tan complejo, que solo los más ricos tienen los recursos necesarios para poder aprovecharlo. Sus malestares económicos son atenuados por complejos programas de asistencia, que buscan mantenerlos a flote y dependientes de los tecnócratas, pero no resolver sus problemas de fondo. Los gobiernos hacen lo mínimo e indispensable para que no figuren en las estadísticas de pobreza.

Como resultado, gran parte del espectro político está mirando al pasado. El lema *Make America great again* llega al corazón de aquéllos que añoran los Estados Unidos del periodo 1945-1989 como los mejores años del país; los gobiernos populistas de Latinoamérica promueven políticas económicas estatistas de las décadas de 1940 y 1950; y el Brexit con su eslogan *Let's take back control*, impactó en aquéllos que añoran la Gran Bretaña de líderes fuertes como Churchill y Thatcher.

En el mediano plazo el populismo de derecha tiene la demografía en contra, pero el de izquierda se alimenta de una generación de jóvenes que están cada vez más desamparados y esperan más del Estado. Lo que sucedió en Latinoamérica en la década del 2000 con el crecimiento de los gobiernos populistas de izquierda, podría replicarse en los países desarrollados si los gobiernos liberales no renuevan su compromiso con las clases medias y toman las medidas necesarias para reconstruir la meritocracia.

Los *Pandemials* son aquellos jóvenes que nacieron en los años posteriores a la caída del Muro de Berlín y que están entrando al mundo laboral junto con la crisis del Covid-19. Son una generación con fuertes valores éticos y conciencia ecológica debido a que nacieron sabiendo que el planeta está en riesgo.

Encontrarán sociedades marcadas por la inequidad, el fin de la meritocracia, la soledad, el automatismo digital, el agotamiento de recursos naturales, y diversas crisis ambientales que afectarán la vida en el planeta. Al hecho de que sus padres no gozan más de una buena situación económica, que por ejemplo les permitía brindarles formaciones universitarias o una vida más holgada, deberán sumar menos oportunidades de trabajo, perspectivas poco alentadoras y una creciente necesidad de radicalizar sus reclamos. En consecuencia, los *Pandemials* esperarán mucho más de los gobiernos, y cuando estos no se hagan cargo de su desamparo, se rebelarán. Directamente irán contra las elites tecnocráticas y las bases del sistema capitalista. La falta de respuesta a estos problemas por parte de los gobiernos liberales, los llevará a desempolvar viejos modelos y utopías de izquierda.

Los *Pandemials* están llevando a cabo una rebelión por la falta de interlocutores, y de políticas que resuelvan sus problemas. Su revolución es en contra de la tecnocracia, el grupo de poder que manejó las políticas públicas desde la Segunda Guerra Mundial. La tecnocracia para ellos está representada por los partidos políticos que gobernaron las últimas décadas, por los banqueros, por los lobistas, por las instituciones como la Comisión Europea o el FMI. También se rebelan contra los populismos de derecha, porque rechazan el autoritarismo, la discriminación y los valores conservadores en cuestiones sociales. Este nuevo crecimiento del populismo, el conservadurismo y el autoritarismo se produce en gran parte del mundo: Estados Unidos, parte de Europa, Latinoamérica y el este de Asia.

Frente a este cuadro de situación el liberalismo irradia desencanto y terquedad: intenta solucionar los problemas del presente con las mismas recetas del pasado pero en dosis mayores. La ideología que miraba hacia el futuro hoy mira hacia sus adentros, muestra su propia incapacidad de renovar sus ideas, y se mantiene dominada por una tecnocracia que trabaja para su propio

Crecimiento del Ingreso por Percentiles [2]

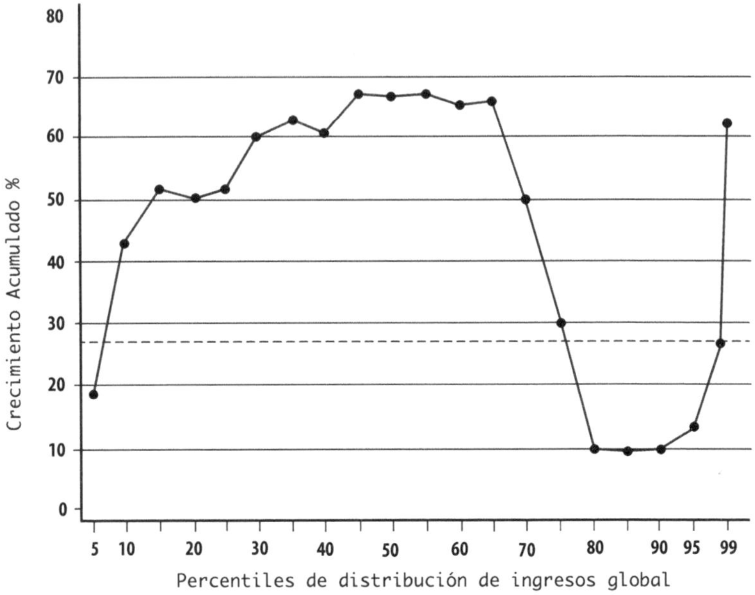

beneficio. Este espíritu cerrado y hasta elitista no está en la esencia original del liberalismo, la meritocracia y la apertura que lo caracterizó. Sin una renovación de ideas y mayor apertura, el avance hacia el populismo será difícil de frenar.

Nuevos enfoques no estatistas serán necesarios para recuperar la meritocracia y aportar soluciones a los reclamos de los jóvenes. Desde menos impuestos al consumo y al trabajo, hasta modelos educativos más eficientes como las escuelas charter; medidas para enfrentar el cambio climático de forma contundente; y una política monetaria que contribuya al progreso humano.

El gráfico con forma de elefante refleja el descontento de las clases medias en muchos países desarrollados.[2] Allí se puede ver el crecimiento del ingreso a nivel global por percentil de ingreso entre 1988 y el 2008. La parte central corresponde a países emergentes como China, en los que el ingreso se incrementó mucho para las clases medias. El percentil 80-95, donde vemos un crecimiento menor, corresponde a las clases medias de los países desarrollados. Y la trompa, a los más ricos cuyo ingreso aumentó significativamente.

La paradoja del liberalismo es que en los países donde se inició, muchas de sus clases medias descendieron al *precariado*, y en el resto del mundo, el libre mercado y la globalización –postulados defendidos por su ideología– sacaron a millones de personas de la pobreza. A nivel global el mundo nunca estuvo mejor y el porcentaje de personas en las clases medias es récord gracias al crecimiento económico de China y otros países emergentes. Pero el proceso comienza a agotarse. En China el avance inicial basado en copiar tecnologías y exportar al mundo se enfrenta con los límites que imponen la falta de libertad, de innovación y la destrucción del medio ambiente.

En este contexto estalla la pandemia, que es como un iceberg de problemas del que solo veíamos la punta y ahora emergió totalmente. Tras eventos de esta magnitud suceden dos cosas: los procesos sociales y económicos se aceleran, y las demandas de cambio crecen.

PARTE 1

LOS CICLOS HUMANOS

LOS CICLOS HUMANOS

"El mundo no volverá a ser el mismo", "Es el fin del liberalismo", "Veremos un nuevo orden global", "China dominará el mundo", "Fue enviado por Dios como castigo por el daño que hacemos a nuestro planeta", "La normalidad no va a ser la misma"... Estas frases y muchas otras del mismo estilo leí y escuché en estos meses en relación a la pandemia. La realidad es distinta, el mundo no cambiará con el Covid-19, se acelerará. Ciertos procesos que comenzaron en las últimas décadas se volverán más rápidos, cambios que esperábamos que sucedan en cinco o diez años, sucederán en dos o tres.

La serie de la televisión británica *Years and Years*, estrenada en mayo del 2019 y producida por la BBC y HBO, muestra lo que podría suceder si el mundo siguiera su trayectoria actual. La serie acompaña a los miembros de la familia Lyons, cada uno con sus conflictos y retos particulares, entre el año 2019 y el 2034.

Durante ese periodo, la realidad política internacional y la de Reino Unido en particular, son cada vez más inestables y muestran al espectador un posible futuro. En dicho futuro el impacto del cambio tecnológico sobre la economía y la sociedad, la inequidad y el crecimiento de los populismos cargan de sufrimiento la vida de los protagonistas. Al finalizar cada episodio el espectador tiene una sensación de angustia y vacío, porque todos somos conscientes de que un futuro así –aunque sea poco probable– es factible de ocurrir.

Desde sus orígenes, la humanidad convive con diferentes fuerzas: *la inequidad, la madre naturaleza, la tecnología, y el espíritu humano*. Cada una de ellas tiene diferentes ciclos, los cuales están interconectados.

Durante la década de 1980, comenzaron las fuertes transformaciones que hoy impulsan la *Rebelión de los Pandemials*. El ciclo de mayor equidad que se había iniciado con el Estado de Bienestar posterior a la Segunda Guerra Mundial, acabó con la caída del Muro de Berlín, dando paso a un ciclo de inequidad creciente. El cambio tecnológico, sumado al aumento de los precios de la *canasta de la meritocracia* (vivienda, educación y salud), aumentaron la desigualdad en todo el mundo. Fue durante esa década cuando la evidencia respecto a que el *Ciclo de la Madre Naturaleza* estaba en riesgo por el cambio climático y el agotamiento de los recursos naturales se volvió irrefutable. En los 80 al acercarse el fin de la Guerra Fría los gobiernos de todo el mundo comenzaron a invertir menos en ciencia y tecnología. Fue también en esos años que se acentuó en las personas una crisis del espíritu humano debido al rompimiento de estructuras e instituciones que datan de muchos siglos, cuando aún no se han consolidado nuevos modelos, y todo ello amplificado por tecnologías que potenciaron el flagelo de la soledad.

El siguiente periodo importante fueron los años de la crisis global del 2007-2008 cuando quedó en evidencia que estos cuatro ciclos se encaminaban a una implosión, hacia un final que daría paso a nuevos ciclos. Durante esa crisis fue cuando la inequidad y las injusticias del Sistema quedaron al descubierto, y se originaron muchos de los votantes de gobiernos populistas.

En el año 2007 se lanzó el primer IPhone, Facebook pasó de ser una red social universitaria a una red para el público general, y Twitter irrumpió en el mercado. Pero el año relevante fue 2008, cuando todas estas redes comenzaron a tener un crecimiento exponencial y a ser utilizadas un número creciente de horas al día, lo que paulatinamente fue debilitando los vínculos reales en favor de vínculos digitales. Así se potenció la epidemia de la soledad que se encuentra en el centro del *Ciclo del Espíritu Humano*. Fue también ese año cuando las energías s se tornaron cada vez más viables desde el punto de vista económico y empezaron a masificarse, lo que despertó el interés de los ciudadanos. Por primera vez se comprendió que era posible acabar con la era de los combustibles fósiles.

Los cuatro ciclos tienen en común dos factores: harán implosión durante la década de 2020, y serán acelerados por los efectos de la pandemia. Los años 2020-30 ya se anticipan como la *Década de las Turbulencias*.

El cambio de los ciclos puede ser un proceso gradual y relativamente pacífico, o puede ser convulsionado y hasta violento. El ciclo de aumento de la inequidad, que quedó al desnudo con la pandemia, mutará en un ciclo de menor inequidad durante esta década o comienzos de la próxima. Será mediante una recomposición de la meritocracia de la mano de los gobiernos liberales, o será mediante gobiernos populistas, pero el cambio de tendencia resultará inevitable. Será con procesos democráticos pacíficos, o será con manifestaciones y disturbios como vimos en Francia con los chalecos amarillos; en Chile, tras el aumento del precio del transporte público; y en Estados Unidos tras el asesinato de George Floyd.

Por el lado del *Ciclo de la Madre Naturaleza*, el cambio climático está ingresando en un periodo crítico, y la década de 2020 es la última oportunidad de reducir fuertemente las emisiones, si queremos evitar aumentos de las temperaturas con efectos potencialmente catastróficos. En cuanto a la tecnología, su ciclo se está acabando. Los beneficios de los grandes desarrollos científicos de la Guerra Fría como el microchip, internet, el GPS y un amplio espectro de tecnologías, comenzarán a agotarse durante la década de 2020 y la próxima. Esto podría reducir el ritmo del avance, salvo que surjan nuevas tecnologías que impulsen un nuevo ciclo.

Los ciclos están interconectados. El *Ciclo Tecnológico*, así como la sobrepoblación, precipitó el último *Ciclo de la*

Inequidad. Sin nuevas tecnologías es muy difícil frenar el cambio climático en los tiempos que requiere nuestro planeta. Si no lo frenamos será aún más difícil reducir la inequidad en un contexto de sequías, escasez de alimentos y fenómenos meteorológicos extremos. Y sin una nueva fase de reducción de la inequidad y meritocracia, no podremos tener un nuevo *Ciclo del Espíritu Humano*.

Toda la energía de los *Pandemials* alimenta estos cuatro ciclos. Su fuerte sentido de la moral y de la ética no tolera altos niveles de inequidad causados por una meritocracia agonizante. Su fuerte conciencia ecológica, producto de una visión humanista sobre la naturaleza y una fuerte preocupación por la inminente catástrofe ambiental, los hace muy activos en todo lo relacionado al cambio climático. Su alta capacidad de adaptación a la tecnología acelera el *Ciclo Tecnológico* y a su vez impulsa la crisis del espíritu humano con la creación de comunidades virtuales que debilitan los vínculos físicos.

Para entender las turbulencias que viviremos durante esta década, necesitamos comprender cómo funcionan estos ciclos. Son un aviso que nos da la oportunidad de elegir qué queremos como especie humana y exigir las políticas públicas en función de ese futuro deseado.

La *Rebelión de los Pandemials* es la energía juvenil y renovadora que necesita ser canalizada por el sustento ideológico y pragmático del liberalismo para llevar a cabo estas políticas y así evitar el futuro de *Years and Years*.

EL CICLO DE LA INEQUIDAD

En su libro *Supermarket USA: food and power in the Cold War farms race*, Shane Hamilton explica que durante la Guerra Fría los propagandistas del gobierno norteamericano imaginaban a los supermercados como armamentos ideológicos. La imagen de la familia norteamericana recorriendo las góndolas con comida abundante y precios accesibles, cargando sus compras en el auto, y viviendo en una linda casa con jardín en un barrio de los suburbios recorrió el mundo. Era la clara muestra de las ventajas del capitalismo estadounidense y la democracia liberal. Solo el capitalismo podía ofrecer este nivel de vida a toda su población en contraposición al autoritarismo y la escasez crónica en los países comunistas. Esta imagen fue la base de la propaganda anticomunista durante los 40 años que duró la Guerra Fría.[1]

Tras la Segunda Guerra Mundial y el inicio de la Guerra Fría, comenzó en todo el mundo la lucha entre dos modelos. El capitalismo ya no estaba solo, tenía un competidor que había salido de Rusia para expandirse a Europa del Este, China, Corea del Norte, Vietnam y Cuba. Nació el mundo bipolar, y cada bando debía demostrar a su población y al resto del planeta que su modelo era el mejor. La solución de los gobiernos occidentales fue acelerar el proceso de expansión de la educación y la salud pública, además de otros programas sociales que se habían iniciado tras la crisis de 1930. En Europa estuvo representado por el Estado de Bienestar que surgió en la posguerra y en los Estados Unidos por Lyndon B. Johnson y su "Guerra contra la pobreza" y su concepto de "La gran sociedad". El objetivo era tener a la población feliz para que el totalitarismo soviético se mantuviera lejos de nuestros ciudadanos.

El paraíso de la clase media

Ser una familia de clase media implicaba poder comprarse una casa, tener un auto, salir a cenar afuera una vez a la semana, poder vacacionar todos los años y poder mandar a los hijos a la universidad. La clase media era la prueba del éxito del capitalismo y los estados liberales. Las propiedades eran baratas, los jóvenes podían acceder a educación universitaria de excelencia sin necesidad de contraer grandes deudas, la salud era de calidad y accesible. Todos estos bienes y servicios constituyen la canasta de la meritocracia y fueron la base de esa prosperidad. Era un mundo feliz donde quienes trabajaban duro podían acceder a los beneficios del Sistema. Entre 1946 y 1980 el ingreso total de los norteamericanos creció un 95%, lo que significó que para la clase media fueran los mejores años en toda la historia de ese país. El ingreso después de impuestos creció un impresionante 129% en ese período para el 50% de la población de menos ingresos.[2] Fue la era dorada de la clase media, no solo en los Estados Unidos, sino en la mayor parte del mundo desarrollado.

Las clases medias despertaron del sueño a principios de los 80. Ingresos estancados y el aumento del precio de algunos bienes y servicios les impedían acceder a ellos con facilidad. La revolución tecnológica y la automatización habían provocado un estancamiento en los ingresos de muchos trabajadores. Los ingresos del 50% de los norteamericanos de menores ingresos crecieron un 21% entre 1980 y el 2014, en comparación con el aumento del 113% que tuvieron los ingresos del 10% que más gana.[3] Entre 1980 y 2020 la economía norteamericana se ha triplicado y el PBI per cápita prácticamente duplicado.[4] En términos globales han sido excelentes años para la economía, pero la distribución de los beneficios resultó muy desigual.

El ciclo de prosperidad económica iniciado tras la Segunda Guerra Mundial llegó a su fin a principios de los años 80, pero el aumento de los niveles de deuda evitó su colapso. No afectó a los *Baby boomers* porque ya habían podido comprar sus casas, tenían garantizadas sus jubilaciones, y el Estado cubría sus gastos médicos. Ellos no necesitaban protestar. Sus hijos, quienes nacieron en la década de los 70 tampoco: habían contraído deudas más o menos razonables para poder comprarse una casa y pagar su educación. El problema se les presentó a los *Millennials* que nacieron en las décadas del 80 y 90: se encontraron con que las deudas que debían tomar para tener la misma educación y vivienda que sus padres eran cada vez mayores e insostenibles. En realidad el ciclo ya estaba agotado desde principios de los 90, pero gracias a la deuda barata se evitó su colapso. Esto quedó al descubierto durante la crisis del 2008, ahí fue cuando se comenzaron a generar los votantes de Donald Trump, el Brexit, Bernie Sanders, Podemos y Le Pen, entre muchos de los que se sintieron abandonados por el Sistema. Y por último la pandemia, el golpe de gracia que terminó de exponer sus defectos.

El *Ciclo de Inequidad* creciente está en sus etapas finales debido a la presión social y cambios demográficos sobre los que hablaremos más adelante. Sucederá ya sea que gobiernen los liberales o la izquierda. Los *Pandemials* con su sentido de la justicia y la meritocracia vinieron a acelerar este proceso. Dependiendo del tipo de políticas que adopten los gobiernos, veremos una sociedad más pobre e igualitaria, o una más rica e igualitaria. Pero lo que es seguro es que será más igualitaria.

Grietas emergentes

Lo que se comenzó a generar en la década de 1980 es una gigantesca grieta entre los ricos y el resto de la sociedad. El ingreso de los que menos ganan prácticamente se estancó, cuando el del 10% más rico, y en especial el del 1% más rico, creció espectacularmente. Desde 1980 el porcentaje del ingreso total después de impuestos del top 10% de los estadounidenses se duplicó para alcanzar el 40%.[5] Este grupo disfruta de un alto nivel de vida, grandes casas y apartamentos, autos de lujo, comida orgánica, viajes a lugares exóticos, asistencia a las más prestigiosas universidades y un sistema de salud con los mejores especialistas del mundo. En contraposición, el 50% de menores ingresos en Estados Unidos redujo su participación al 20%. No solo resignaron ingresos, sino también estatus social.

La inequidad no es un problema en sí mismo. Es comprensible que haya personas con más ingresos y patrimonio que otras. Es parte del capitalismo y del sistema democrático en el que vivimos. La cuestión es en qué medida esta inequidad está sustentada por la meritocracia, si los postergados lo están por falta de esfuerzo o por falta de oportunidades. Que no haya un piso mínimo garantizado o que el ingreso de los que menos ganan se estanque durante muchas décadas, que su esfuerzo no produzca resultados, les genera mucha frustración y descontento.

Si un empresario que gana cientos de millones por año quiere comprarse una enorme casa en Los Hamptons, un piso en NY, un penthouse en París, un cuadro de Picasso, y un avión privado para escapar a una isla durante la pandemia, está en todo su derecho en tanto pague sus impuestos y respete las leyes.

¿Cómo debería funcionar el Sistema para ser más justo? Doy algunos ejemplos: los viajes en avión de ese millonario deberían pagar un tributo para compensar todas las emisiones de CO_2 que generan sus vuelos; por los departamento en NY y París debería pagar un impuesto adicional si no son su residencia principal, si esas propiedades no están destinadas al alquiler y además se encuentran en zonas con alto déficit de viviendas. Conceptualmente estos impuestos son justos debido a que el planeta es de todos: el uso del escaso espacio disponible debería seguir un principio de equidad, y el daño sobre la madre naturaleza debería seguir un principio no solo de equidad sino también de reparación y conservación por tratarse de recursos intergeneracionales.

Ahora bien, esa persona, al igual que cualquier otra, debería estar impedida de usar estructuras fiduciarias como fideicomisos irrevocables para reducir su pago de impuestos. No encuentro ningún motivo por el cual deba pagar un impuesto a las ganancias más alto que el 30% o 40% que existe actualmente en la mayoría de los países; pero siempre hay que chequear –como dijo Warren Buffet– que su tasa impositiva no sea inferior a la de su secretaria. Además, como sucede en muchos países desarrollados, sería razonable que sus herederos pagaran un impuesto a la herencia el día que esta persona fallezca. Este tipo de legislaciones aumentan la percepción de que el Sistema es justo.

En muchos países hay resentimiento contra las clases altas. Por lo general, esto es fomentado por políticos que buscan hacer un uso político de la pobreza. En otros sucede porque hay quienes piensan que sus fortunas provienen de privilegios, que sus empresas están protegidas por poderosos lobbies, o el gobierno los favorece con beneficios fiscales, o son banqueros inescrupulosos, o es plata heredada que no pagó impuestos u otros motivos similares. La mayoría de las veces esto no es así, y son simplemente personas que hacen todo lo posible dentro del marco de la ley para aumentar sus ingresos. Por otro lado, cuando los más pobres ven cómo sus vidas son cada vez más duras, se sienten frustrados. Pero lo que se debe comprender es que el problema no son los millonarios, sino los gobiernos y sus políticas públicas defectuosas los que incrementan la inequidad.

La imposibilidad de "acceder"

El tema central aquí es la meritocracia. La creencia de que todos tenían posibilidades de éxito y que lo obtenido era gracias a su esfuerzo fue parte de la esencia nacional de muchos países en los años de posguerra. Que un niño que nace en un barrio pobre de los suburbios pueda acceder a una excelente educación, y que si supera el examen de ingreso pueda asistir a las mejores universidades sin necesidad de vivir endeudado. Que una persona que nace abajo pueda llegar a la cima, como sucedía en mucha mayor medida hasta la década de 1980. Que un trabajador de clase media pueda comprar una vivienda sin estar asfixiado por las deudas, que una persona no vaya a la quiebra por no poder pagar sus gastos médicos. Cuando estos problemas desaparecen, el resentimiento contra las clases altas se reduce significativamente.

En términos de equidad social Europa está mucho mejor que Estados Unidos y que la mayoría de las regiones del mundo. Su modelo es muy exitoso en lo que se llama "pre-distribución": inversiones en educación, salud universal, y regulación de los mercados de trabajo para garantizar altos salarios mínimos.

La cuestión de la inequidad en Europa pasa mucho más por el acceso a la vivienda, por los altos impuestos al consumo y al trabajo, así como por mercados de trabajo muy regulados que provocan una alta tasa de desempleo en especial entre los jóvenes, restringiendo el crecimiento económico.

Esta fue la base del descontento que hizo que millones de personas votaran a Donald Trump y, en Inglaterra, que apoyaran el Brexit. Inequidad y el rechazo a una clase gobernante tecnocrática que se percibe como carente de empatía, corporativa y ajena a los problemas de la gente común. Es el reflejo de una parte de la población que fue castigada por la globalización, la automatización y un Estado que no supo responder a esas transformaciones.

La inequidad siempre estuvo asociada a periodos de inestabilidad social. La Revolución Francesa, la *Gilded Age* en los Estados Unidos, la Revolución Rusa, la etapa posterior a la Primera Guerra Mundial que condujo al fascismo, así como la década de 1990 en Latinoamérica que derivó en gobiernos populistas, fueron períodos de alta inequidad. Las personas necesitan expresar su frustración, lo que las hace susceptibles a caer en las manos de políticos populistas. Hay dos clases de populismo: por un lado los de izquierda, que culpan a los ricos y quieren imponerles más impuestos para aumentar de forma descontrolada el gasto público. Esta es la solución favorita de políticos como Bernie Sanders en los Estados Unidos, el partido Podemos en España, o el kirchnerismo y el chavismo en Latinoamérica. Por otro lado están los populismos de derecha, que culpan a los inmigrantes, a los medios, a la oposición y a naciones extranjeras. Representantes de este grupo son Donald Trump y Jair Bolsonaro.

Si seguimos con la tendencia actual de inequidad, los populismos crecerán fuertemente en los próximos años de la mano de dos fenómenos. Uno, la pandemia que destruyó decenas de millones de empleos en el mundo, los cuales tardarán años en volver. El otro, la intensificación del cambio tecnológico que acelerará la expansión de las tecnologías de la Tercera Revolución Industrial. En 10 o 20 años veremos el inicio de una Cuarta Revolución Industrial. Estas dos revoluciones demandan cada vez más posiciones en IT, ingenieros, científicos, investigadores, matemáticos, programadores, lo cual acrecentará la diferencia salarial entre el mundo de la ciencia y la tecnología y el resto de los trabajos. En el mediano y largo plazo estos avances serán extremadamente positivos para la economía y la sociedad, pero en el corto plazo habrá que aprender a convivir con sus efectos.

No creo en las soluciones de tipo radical para enfrentar la inequidad, no creo que más Estado o más impuestos sean la respuesta para recuperar el ideal de la clase media. Estos programas suenan bien en los discursos, pero no resuelven el problema de fondo que es generar empleos privados bien pagos, y reducir el costo de la canasta de la meritocracia. Lo peor que podrían hacer los gobiernos para enfrentar la inequidad es introducir altos impuestos a las ganancias, más gasto público y más regulaciones. Esto podría llevarnos al colapso económico, y fue uno de los motivos por el cual finalizó el ciclo de prosperidad que arrancó tras la Segunda Guerra Mundial. En las décadas del 60 y 70 muchos países establecieron altas tasas de impuestos a las ganancias, que en algunos casos alcanzaban el 70%. Esto afectó seriamente la inversión, la capacidad de innovación de la economía, la toma de riesgos, y la creación de nuevas empresas. Y esto a su vez contribuyó al pico inflacionario que se vio al final de la década del 70. Ronald Reagan y Margaret Thatcher comprendieron muy bien este dilema, sabían que con impuestos tan altos no habría inversión. Y lo enfrentaron reduciendo los impuestos fuertemente. Con eso reactivaron la economía, aumentó la inversión, y junto con una dura política monetaria contuvieron la inflación. El problema fue que, si bien se redujeron los precios de los bienes de consumo que se compran en el shopping y el supermercado, comenzaron a crecer fuertemente los de las propiedades, la educación universitaria y la salud, los cuales componen la canasta de la meritocracia y son esenciales para la clase media.

El problema de los costos

Cuando hablamos de la inequidad hay un excesivo foco por parte de los economistas y los gobiernos en la cuestión de los ingresos, de los impuestos y del gasto público, pero poco foco en la cuestión de los costos. El aumento de los costos de la canasta de la meritocracia en las últimas cuatro décadas es el principal impulsor de la pobreza y el precariado en muchos países. En los Estados Unidos los precios de la vivienda, la educación y el transporte público aumentaron considerablemente en ese periodo. Incluso es más caro realizar deportes en un centro deportivo, o la experiencia de un recital en vivo; y hasta un entierro digno es muy costoso. Todo lo que nos hace bien y permite la movilidad social ascendente aumentó de precio. En contrapartida los bienes de subsistencia como smartphones, acceso a internet, ropa, equipamiento del hogar, alimentos y bebidas son mucho más baratos. Resulta más barato ir de shopping que los bienes y servicios necesarios para que las familias tengan un mejor futuro.

En el cuadro se muestra la variación de los precios de la canasta de la meritocracia y de la canasta de subsistencia entre el año 1980 y el 2018 (en términos reales descontando inflación).[6] [7]

Es aquí donde está el principal problema de la inequidad: en los costos. Los gobiernos no pueden obligar a las empresas a subir los salarios, pero sí estimular al sector privado para aumentar la oferta y reducir los precios. Esto implica más viviendas, reformar el sistema de salud para disminuir costos, bajar el costo de la educación universitaria, de los servicios públicos; y hasta más hoteles y promover Airbnb para que ir de vacaciones sea más accesible. Lo principal es remover regulaciones e incentivar la competencia para que el sector privado pueda hacer su trabajo aumentando la oferta de todos estos bienes y servicios demandados por las clases medias, lo que reducirá sus precios.

Disparidades

La revolución tecnológica ha creado fuertes disparidades entre los que realizan tareas no rutinarias como los ingenieros, los

Canasta de la meritocracia		Canasta de subsistencia	
Educación universitaria	353%	Teléfonos y computadoras	-93%
Guarderías, escuela primaria y secundaria	260%	Acceso a internet	-81%
Compra de vivienda	193%	Servicios de telecomunicaciones	-62%
Hospitales	144%	Muebles	-62%
Servicios funerarios	136%	Equipamiento del hogar	-60%
Productos farmacéuticos y médicos	90%	Ropa y accesorios	-57%
Música, deportes y cultura en vivo	56%	Calzado	-50%
Alquiler de vivienda urbana	55%	Vehículos	-36%
Transporte público	55%	Bebidas alcohólicas	-15%
Hoteles	55%	Alimentos y bebidas no alcohólicas	-9%
Membresía a clubes y centros de deporte	27%	Diarios, revistas y libros	-2%

financistas, los médicos o los profesionales de la informática, y los que realizan tareas rutinarias como trabajadores de *call centers*, cabinas de peajes, empleados de limpieza, de seguridad y cajeros de supermercados. Estos empleos que tienen serio riesgo de automatización han sido los que menos han visto crecer sus salarios. Para estos trabajadores sí serán necesarias políticas públicas de complemento de ingresos, pero lo importante es que sean programas simples, que cuiden la dignidad del trabajador y que fomenten el trabajo. Lo que hay que evitar es la maraña de planes asistencialistas que no hacen más que subsidiar la pobreza en lugar de resolverla.

La pandemia está terminando de desnudar la enorme inequidad en la que vivimos y que afecta principalmente a dos grupos: a los que menos ganan y a los más jóvenes. Un reciente estudio reveló que los británicos que ganan menos de 20.000 libras al año tienen más del doble de riesgo de quedar desempleados por la pandemia que aquéllos que ganan más de 40.000 libras. También, que los menores de 30 años tienen el doble de chances de perder sus empleos que las personas de entre 40 y 55 años.[8]

Veremos en las próximas páginas qué pueden hacer los gobiernos para bajar los costos de la vivienda, de la salud y de la educación para volver a recrear el ideal de la clase media. Por otro lado veremos desde los ingresos de qué forma se puede reducir la inequidad sin recurrir a complejos y distorsivos programas estatales.

Pagadme por trabajar

Según investigaciones recientes, el salario de los CEOs de las empresas norteamericanas creció un 940% desde 1978, en comparación con un 12% de aumento para los trabajadores. En promedio los CEOs de las mayores empresas norteamericanas ganan 178 veces lo que gana un trabajador común,[9] siendo la retribución media anual de 14 millones de dólares en el 2019.[10] No se puede obligar a las empresas a pagar más a sus trabajadores, hacerlo iría en contra del buen funcionamiento del mercado y afectaría a la economía. Pero dado que las diferencias salariales son tan grandes hay que buscar algún mecanismo de compensación para los ingresos de los que menos ganan.

Hay dos grandes grupos afectados por el estancamiento de los salarios. Por un lado aquéllos que no logran cubrir sus necesidades básicas; y por otro, aquéllos que ven sus ingresos estancados y ya no pueden mantener el nivel de vida de clase media que tenían en el pasado.

En relación al primer grupo los gobiernos generan complejos mecanismos de asistencia que incluyen vouchers de alimentos, ayuda económica para sus hijos, viviendas sociales, créditos subsidiados, tarifas reducidas en el transporte público, entre otras medidas. Un enmarañado de programas sociales, coordinados por cientos de organismos federales, estatales y municipales. Los beneficiarios tienen que recorrer oficinas públicas y completar largos formularios, perdiendo valioso tiempo que podrían destinar al trabajo. En muchos casos estos programas desincentivan el trabajo porque se reciben sin contraprestación, o se pueden perder si se supera cierto límite de ingresos. Supervisarlos genera una compleja y costosa maquinaria estatal y suelen resultar un elemento de control para muchos gobiernos autoritarios. Pero sobre todo no tratan con respeto al que los recibe, no lo dignifican, lo hacen sentir dependiente del Estado. La mayoría de estas personas no quieren nada gratis, sino simplemente que su trabajo les permita mantener el nivel de vida que les fue arrebatado.

El programa conocido más efectivo en la lucha contra la pobreza, que a la vez respeta la libertad y dignidad del individuo, y es de fácil implementación, es el EITC (*Earned Income Tax Credit*). Es un programa del gobierno federal norteamericano que complementa los ingresos de los trabajadores de menos recursos con un crédito fiscal. Fue instrumentado en 1975 por el presidente Gerald Ford, expandido por Ronald Reagan, y vuelto a expandir por Bill Clinton. Es muy simple: hasta cierto nivel de ingreso, por cada dólar que gana un trabajador, el Estado le paga un monto adicional. Funciona como un impuesto a las ganancias con una alícuota negativa. El esquema otorga pagos que van desde los 529 a los 6.667 dólares anuales.

Para muchos especialistas es el programa más efectivo de lucha contra la pobreza debido a que promueve el trabajo y tiene pagos más altos para los trabajadores con hijos menores. Esto se traduce en mejores condiciones de vida y perspectivas futuras para los hijos de esas familias. Algunos países como Reino Unido tienen programas similares, pero ninguno de una escala tan grande. Según un análisis del *Centre on Budget and Policy Priorities* el EITC complementa los ingresos de 28 millones de norteamericanos y saca a 5,6 millones de ellos de la pobreza, incluidos 3 millones de chicos. Además, reduce el grado de pobreza de otras 16,5 millones de personas, incluidos 6,1 millones de chicos.[11]

Algunos estudios indican que este programa se paga por sí solo debido a los beneficios de largo plazo que genera. El Estado se ahorra miles de millones de dólares en impuestos no recaudados, y en ayuda social para los trabajadores alcanzados, así como en el futuro para sus hijos.[12] No solo es efectivo en términos de dignidad humana, sino que también ahorra plata a los contribuyentes y promueve el crecimiento económico.

El segundo grupo está compuesto por aquellos trabajadores que, sin ser pobres, tienen sus ingresos estancados desde hace muchos años y ya no pueden conservar el nivel de vida de clase media que tenían en el pasado. Este segmento se encuentra totalmente abandonado por el Estado. Se podría subir el umbral a partir del cual se paga el impuesto a las ganancias, y si no fuera suficiente, podría incluirse a algunos trabajadores en el EITC. Sería una buena forma de poder reducir los enormes niveles de inequidad de ingresos sin generar distorsiones en la economía. La clase media destina la mayor parte de sus ingresos al consumo, por lo que el impacto positivo sobre la economía sería inmediato.

Este programa podría ser implementado en muchos países. Es efectivo, sencillo de implementar, y puede ser expandido fácilmente durante periodos de dificultades económicas. En un mundo donde producto del cambio tecnológico la brecha salarial será cada vez más grande, este tipo de programas tomarán más relevancia.

Es importante que el diseño de los mismos no pierda el foco en la dignidad del individuo. Creo que deberían existir solamente tres planes de asistencia. El EITC, que ayuda a quienes están trabajando y sus ingresos son insuficientes; el subsidio de desempleo, que ayuda a quienes están desempleados pero quieren trabajar; y el subsidio de discapacidad, que ayuda a quienes lamentablemente sus condiciones físicas no les permiten tener un empleo. Todo lo demás es control estatal, y alimentar a la compleja tecnocracia del Estado.

Home Sweet Home

Sol, playas, comida orgánica, grandes empresas de tecnología, el Golden Gate, Hollywood y mucho más. California es la mayor economía y el estado más poblado de los Estados Unidos. El que mayor dinamismo ha aportado a la economía norteamericana y global en las últimas décadas de la mano de los importantes avances desarrollados por sus empresas tecnológicas. Es también el estado más liberal, con leyes progresistas y donde la gente más se preocupa por el cambio climático. Sin embargo, no todo es como en las películas. Es también el estado con más pobres de los Estados Unidos, del cual muchos eligen –o se ven forzados– a emigrar.

En 2011, el U.S. *Census Bureau* comenzó a publicar el *Supplemental Poverty Measure* (SPM), un índice de pobreza que tiene en cuenta otros factores de costo de vida en los diferentes estados, como el de la vivienda, la gasolina, los alimentos, las transferencias recibidas del Estado y los gastos médicos, entre otros.

Lo interesante de este indicador es que cuando se analiza la pobreza según el índice tradicional, que solamente toma en cuenta los ingresos de las familias, Luisiana y Mississippi aparecen como los estados más pobres de Estados Unidos con un 19,8% de pobreza.[13] Cuando consideramos el indicador SPM, que registra el costo de vida de cada estado, vemos que California es el segundo estado más pobre de los Estados Unidos con una pobreza del 18,1%, debido principalmente al alto costo de la vivienda que reduce muchísimo el ingreso disponible de las clases medias y bajas, que en muchos casos destinan más del 50% de sus ingresos al pago del alquiler. Otros factores que inciden en el caso de California son el alto costo de la gasolina y de la energía, producto de una mala planificación y nuevas regulaciones ambientales. Según la medición tradicional, California tiene una pobreza del 12,5% pero la figura relevante es la que muestra el índice alternativo.[14]

Comprar una casa en Estados Unidos se ha vuelto más caro que nunca. En 1970 el precio medio de las propiedades medido en dólares actuales era de 70.200; a principios del 2020 esa cifra se ubicaba en 327.000 dólares, casi 5 veces mayor.[15] En ese mismo lapso el ingreso medio de las familias creció solo un 37%.[16] No es casual que los dos estados con menor nivel de pobreza según el SPM sean Iowa (6,7%) y Kansas (7.8%), cuyas propiedades están entre las más baratas de Estados Unidos (43 y 44 en el ranking nacional).

Los altos precios de las propiedades de la costa oeste y noreste están provocando importantes migraciones a estados como

Arizona, Idaho, Colorado, Texas, Carolina del Norte, Carolina del Sur y La Florida.[17] La casa propia es el símbolo de la clase media, y el hecho de que las personas no puedan acceder a una vivienda habla de un sistema que no está funcionando bien.

En ciudades como San Francisco, Los Ángeles, París, Londres, Moscú, Milán, Lisboa, Múnich o Roma se necesitan más de 15 años de ingresos medios para comprar una propiedad media. Hong Kong encabeza el ranking en Asia, en donde se requieren 47 años de ingresos para ese mismo fin. En Latinoamérica encabeza el ranking Buenos Aires con 26 años, y le sigue Bogotá con 25 años de ingresos para comprar una vivienda.[18]

El costo de la vivienda es crucial en el problema de la inequidad porque es donde los que menos ganan destinan la mayor parte de los ingresos. Es también uno de los principales reclamos de los jóvenes, y un tema central en la *Rebelión Pandemial.* En Francia el salario neto promedio es de 2.000 euros mensuales, el costo de una hipoteca a 30 años para comprar un apartamento de 40 metros cuadrados de 300.000 euros es de 1.183 euros mensuales; si sumamos gastos de luz, gas, agua e impuestos a la propiedad tenemos 300 euros extras, por lo que a una persona en esta situación solo le quedarían 517 euros al mes para supermercado, transporte y todos los demás gastos, lo cual es claramente insuficiente.[19] Esta persona tiene dos alternativas: o se casa rápido (esperemos que no se divorcie) y así podrá compartir el costo de la hipoteca; o renta un pequeño apartamento por entre 600 y 800 euros por mes. En un contexto laboral inestable, y en un mercado laboral donde los freelancers tienen una participación cada vez mayor, son pocos los que se pueden comprometer a una hipoteca a 30 años por montos tan significativos.

El mercado de la vivienda es como cualquier otro. Si hay demanda pero no hay oferta los precios suben. Muchas regulaciones urbanas impiden la edificación de varios pisos y mantienen zonificaciones unifamiliares; además, en muchos estados como en California, los permisos relacionados al impacto ambiental pueden retrasar muchos meses o incluso años el inicio de los nuevos emprendimientos. Según cálculos de *The Economist*, la tasa de construcción de nuevas viviendas en los Estados Unidos es la mitad de lo que era en 1960.[20]

Después de la Segunda Guerra Mundial los gobiernos intervinieron en el mercado construyendo millones de viviendas. Esto sumado a las iniciativas del sector privado permitió aportar un flujo constante de nuevas propiedades que posibilitaron a las familias adquirir inmuebles relativamente accesibles en función a sus ingresos. En Estados Unidos la construcción del sistema interestatal de autopistas iniciado por el presidente Eisenhower en 1956 (impulsada por motivos de seguridad nacional) y que continuó hasta la década de 1990, permitió el desarrollo y urbanización de los suburbios de las ciudades. Sin embargo, durante la década de 1980, a medida que había menos terrenos disponibles, la oferta de propiedades comenzó a restringirse y los precios a aumentar fuertemente. La oferta de casas muchas veces es inelástica, cuando el precio aumenta no necesariamente lo hace la oferta, especialmente en ciudades con códigos urbanos estrictos.

Veamos el caso de Alemania: un muy buen ejemplo de un país donde el mercado de la vivienda funciona correctamente. Allí, el gobierno garantizó mediante normas que promueven la edificación una amplia oferta de nuevas propiedades. La tasa de propietarios es baja, apenas de un 50%, sin embargo, debido a que se incentivan los alquileres de largo plazo y los jóvenes no se sienten en la obligación de comprar,[21] todas estas medidas contribuyeron a que los precios de las propiedades sean –en promedio– similares a los de 1980.[22] A modo ilustrativo, cabe mencionar que en 2018 Alemania construyó el doble de casas que Inglaterra, a pesar de tener una población solo un poco más alta y un crecimiento demográfico más bajo.[23] [24] En 2019 la ciudad de Berlín decidió ir aún más lejos y congeló el precio de los alquileres por 5 años.[25]

En el otro extremo se encuentran ciudades como Londres, donde los precios de las viviendas están entre los más altos del mundo, existen muchas restricciones a la edificación y los jóvenes tienen más problemas para acceder a la propiedad; y sin embargo está rodeada de un cinturón verde [26]. Aumentar la oferta de propiedades mediante la apertura de nuevos espacios para la construcción, y la relajación de ciertas normas urbanísticas podría generar un fuerte impulso para la economía británica en momentos en que se encuentra debilitada por la pandemia y la salida de la Unión Europea. También reduciría la congestión y el uso de transporte público de la mano de personas que viven más cerca de sus trabajos.

En muchas de las grandes capitales del mundo regulaciones muy estrictas protegen a una elite existente de propietarios e impiden que se erijan los altos edificios que demanda la economía moderna y que precisan los jóvenes. Estamos viendo un choque entre la estética urbana y las necesidades de la economía. Los residentes se suelen enojar cuando se construyen nuevos complejos de edificios que suman habitantes a sus barrios. Pero lamentablemente hacen falta más viviendas. Ya no somos 3.700 millones de personas en el mundo como en 1970, somos casi 8.000 millones de personas, más del doble. Y estas 8.000 millones de personas necesitan donde vivir, por lo que los urbanistas van a tener que encontrar la forma de reconciliar la oferta de vivienda con la estética, es decir, lograr un aumento de la disponibilidad de propiedades de forma tal de no arruinar el paisaje urbano y no afectar la calidad de los servicios públicos. Las soluciones van desde rezonificar viejas áreas industriales, comerciales y unifamiliares, a permitir edificios de más altura en ciertas zonas, aumentar los espacios verdes, e introducir mejoras en el transporte público para que las personas puedan vivir más lejos y llegar rápido a sus trabajos. Las ciudades deben tener plazas, parques, árboles y lugares de esparcimiento. Grandes urbes como New York están repletas de rascacielos y sin embargo sus ciudadanos tienen a su disposición muchos espacios verdes.

Por lo general, la cuestión de la disponibilidad de propiedades no figura en las agendas de los gobiernos. La tecnocracia suele enfrentar el tema desde el lado de la oferta, subsidiando a través de garantías la tasa de interés que paga el comprador como lo hace el gobierno de los Estados Unidos (Fannie Mae y Freddie Mac), o aumentando la oferta de viviendas sociales construidas por el Estado, lo cual es insuficiente en relación a la magnitud del problema. La solución pasa por el sector privado, por dejarlo hacer su trabajo y permitirle construir más viviendas. Y para eso necesita espacio, ya sea para crecer verticalmente (mediante la remoción de restricciones, rezonificaciones, y autorizaciones para construcciones más altas), o para expandirse en forma horizontal (abriendo nuevas zonas al desarrollo inmobiliario).

Las grandes ciudades son los lugares donde los jóvenes quieren vivir porque en ellas se encuentran los mejores trabajos y oportunidades. Se acabaron los años 80 y 90, cuando la gente quería instalarse en los suburbios; las nuevas generaciones prefieren los centros urbanos y es allí donde se necesita mayor oferta. La revitalización de estos últimos, junto con el alto nivel de congestión en las carreteras, y el hecho de que las parejas tengan menos hijos y a una edad más adulta, hace que los jóvenes se inclinen por vivir en grandes urbes donde hay una mayor actividad cultural y social. Si en solo tres ciudades –New York, San Francisco y San José– relajaran sus restricciones a la edificación, el PBI norteamericano podría ser un 4% más alto.[27] A nivel global el impacto podría ser similar o superior, de la mano de un mayor ingreso disponible para los jóvenes que alquilan y el crecimiento de los ecosistemas propicios a los negocios.

Si bien en general los jóvenes prefieren el centro de las ciudades, hay dos factores que impulsarán nuevamente los suburbios tras la pandemia. Por un lado la economía no será la misma, muchas personas que trabajaron de forma remota desde sus casas ya no volverán a sus oficinas. Veremos una tendencia permanente hacia esta modalidad de trabajo, que permitirá a las personas residir más lejos del centro de las ciudades. Otros aprovecharán el teletrabajo para vivir más alejados por miedo a una segunda pandemia. Por otro lado el crecimiento de los autos autónomos que veremos en esta década tendrá profundas implicancias. Estos vehículos ya forman parte de la realidad y solo es cuestión de regularlos para que empiecen a transitar por las calles. Será más fácil vivir en los suburbios y hasta se podría aprovechar el tiempo de viaje para trabajar y hacer otras actividades.

El impacto del problema de la vivienda en la economía, la sociedad y la política es muy grande. Entre las principales consecuencias se encuentran: una mayor inequidad por menor ingreso disponible, elevados niveles de deuda hipotecaria, que los jóvenes vivan más años con sus padres y que este descontento contribuye a la elección de gobiernos populistas. Muchos analistas consideran que lo que realmente está sucediendo en Hong Kong, mas allá del reclamo legítimo por los derechos de sus ciudadanos ante el gobierno chino, es un fuerte malestar por el astronómico costo de la vivienda en la ciudad.[28] Otros estudios hablan de una correlación entre la cantidad de indigentes y el aumento en el precio de las propiedades, situación que afecta seriamente a ciudades como San Francisco, New York y Los Ángeles.[29]

Si producto de una mayor oferta de propiedades pudiéramos volver a una relación entre el costo de la vivienda y los ingresos más similar a la de la década de 1980, se podría liberar una enorme masa de dinero que se destina a hipotecas y alquileres que aumentaría significativamente el ingreso disponible de las clases medias. ¡Oferta, oferta y más oferta de propiedades! Rezonificaciones, menos regulaciones y mejor transporte son claves para atacar el descontento de los jóvenes, el bajo crecimiento económico y el exceso de deuda hipotecaria de las familias.

Costos de salud y hábitos de vida

En el discurso inaugural de su segundo mandato presidencial, Abraham Lincoln dijo a la multitud que se concentraba en el Capitolio que el gobierno iba a ayudar con atención médica a los heridos de la guerra civil "para vendar las heridas de la nación, para cuidar de quien se ha entregado a la batalla, y por su viuda y huérfano".[30] Lincoln aprobó un proyecto de ley que estableció lo que se conoció como el *Freedmen's Bureau* para asistir a los heridos de guerra, sus familiares y a los más postergados. El programa consistía en 40 hospitales que empleaban a 120 médicos que proveían atención gratuita a más de 1 millón de antiguos esclavos. En su momento fue uno de los programas de salud pública más grandes del mundo.[31]

Un siglo y medio más tarde, siendo Estados Unidos un país mucho más rico que en ese momento, las cosas son totalmente diferentes. A pesar de la reforma de salud de Obama en 2010 y de tener algunos de los mejores hospitales del mundo, es el único de los grandes países desarrollados que no provee cobertura de salud universal. Esto llega al extremo de que 530.000 familias quiebran cada año por no poder pagar sus gastos médicos, el 66,5% de las quiebras totales.[32] Una persona de bajos ingresos que no cuenta con cobertura de salud y enferma de cáncer o necesita someterse a un trasplante, puede llegar a tener que enfrentar el problema de perder su casa y todos sus bienes para poder pagar los costos del tratamiento.

Michael Flor, un estadounidense de 70 años, fue internado el 4 de marzo de 2020 en el centro médico Swedish de Seattle por coronavirus. Al ser dado de alta dos meses más tarde, recibió una factura de 181 páginas por un total de más de un millón de dólares.[33] El país gasta el 17,5% del PBI en salud, en comparación con el 10% de la mayoría de los países desarrollados que tienen cobertura universal. Hay muchos factores que inciden: altos niveles de obesidad y enfermedades asociadas, altos costos de los medicamentos, exceso de estudios innecesarios, la falta de competencia entre empresas de salud y la sobremedicación.

En promedio los norteamericanos pagan por sus medicamentos 7 veces más que los japoneses, y 4 veces más que otros países desarrollados.[34] Esta diferencia es absurdamente alta dado que estamos hablando de los mismos medicamentos. Muchos diabéticos que viven cerca de la frontera con Canadá cruzan al país vecino para comprar insulina dado que allí cuesta 10 veces menos.[35] Los laboratorios justifican los altos precios aduciendo elevados costos de investigación y desarrollo (I&D), pero las mayores compañías tienen ganancias cada trimestre por el doble de lo que gastan en I&D.[36] El gobierno es el gran responsable de consolidar estos altos precios, dado que mediante programas como *Medicare y Medicaid* (cobertura de salud estatal para los adultos y los niños) asume el 40% del gasto total en medicamentos con receta.[37] Otorgar cobertura de salud universal a todos los estadounidenses tendría un costo de 2,8 billones de dólares anuales, lo que llevaría al gobierno a una situación fiscal muy complicada. Primero se debe atacar la cuestión de los costos en el contexto de un plan a mediano plazo para expandir el sistema a todos los ciudadanos.[38]

Los expertos recomiendan mayor transparencia en los precios y competencia entre prestadores de salud de diferentes estados, reducir costos administrativos y el nivel de judicialización por mala praxis, aumentar la prevención, implementar impuestos a los productos azucarados y campañas de alimentación sana y ejercicio, así como también bajar los costos de los medicamentos. Por otro lado, como veremos más adelante, este sector está protegido por poderosos lobistas que accionan sobre el aparato tecnocrático del Estado y los legisladores para que no se aprueben normas que contribuyan a minimizar los costos.

Los costos de salud juegan un papel central en la cuestión de la inequidad en los Estados Unidos. En el siguiente gráfico vemos el porcentaje de sus ingresos que destinan los norteamericanos a abonar impuestos. Al incluir los pagos que realizan los trabajadores a sus empleadores por sus seguros de salud, la tasa impositiva de los estadounidenses de clase media prácticamente duplica la de las 400 personas de mayores ingresos del país.[39]

La cuestión de la salud tiene un componente cultural muy importante. Una porción significativa del aumento del gasto en salud está vinculado a enfermedades crónicas, muchas de ellas

TASA EFECTIVA DE IMPUESTOS POR GRUPO DE INGRESO (2019)

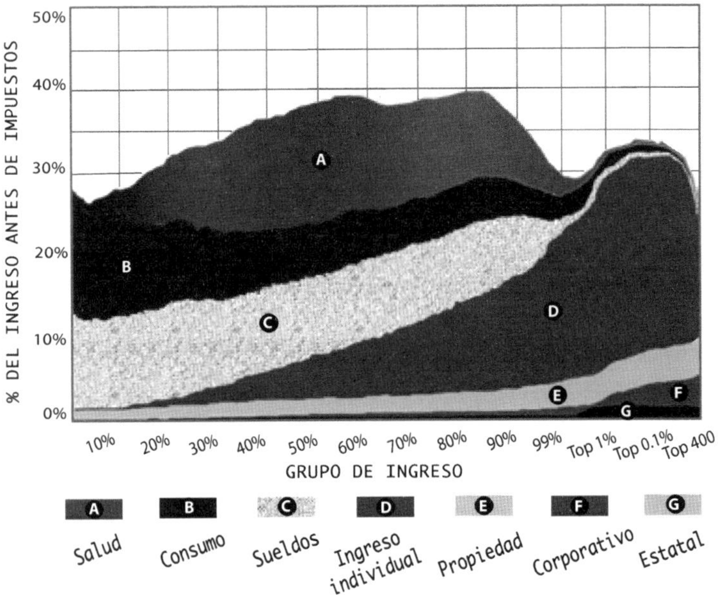

asociadas a la obesidad, como la diabetes tipo 2 y la hipertensión.[40] La obesidad creció de 30% en el año 2000 al 42% en el 2018,[41] afectando en mayor medida a los afroamericanos y a los hispanos.

Muchas familias, en especial las más pobres, tienen un alto nivel de consumo de productos azucarados, gaseosas, comida rápida, alimentos procesados, productos con alto contenido de sal, y dietas carentes de frutas y verduras. Adicionalmente, realizan muy poca actividad física y, en muchos casos, hay un excesivo consumo de tabaco y alcohol. Algunos de estos factores son los que explican las grandes diferencias en la expectativa de vida entre ricos y pobres. Según diversos estudios, los norteamericanos más ricos viven entre 10 y 15 años más que los pobres.[42] Por ejemplo, solo el 7% de los que ganan más de 100.000 dólares al año son fumadores, aumenta a 14% en los que ganan entre 35.000 y 100.000 dólares, y a 21% en los que ganan menos de 35.000 dólares.[43] Un paquete de cigarrillos cuesta en promedio 6,28 dólares en los Estados Unidos.[44] Una persona que fuma un paquete por día desde los 18 años hasta los 65, gastará durante ese periodo 110.000 dólares en cigarrillos. Si ese dinero lo hubiera ahorrado e invertido con un retorno promedio del 5% anual, tendría al momento de su jubilación 431.000 dólares extras para disfrutar de su retiro. Si esta persona también consumiera gaseosas y decidiera comenzar a consumir agua de grifo, sumando 4 dólares diarios al ahorro de los cigarrillos, tendría al momento de su retiro 691.000 dólares extras para mejorar la calidad de su vejez.

Cocinar más sano y tomar agua en lugar de gaseosa, no solo implica achicar el presupuesto mensual de las familias, sino un fuerte ahorro en gastos de salud en el mediano y largo plazo. Comprar productos frescos y elaborarlos suele ser menos costoso que las comidas preparadas o enlatadas. La costumbre de cocinar en familia y de dedicar tiempo a la preparación de los alimentos, cumple una función social muy importante. El problema es mucho más complejo debido a que la obesidad, el tabaquismo, y el consumo de comida chatarra están íntimamente relacionados con la ansiedad, y el ecosistema en el que vivimos no ayuda a quienes no puede corregir sus hábitos.[45] Nuestras actitudes enfermas se traducen en cuerpos enfermos.

La pandemia desnudó las inequidades en términos de salud, con tasas de mortalidad muy diferentes entre sectores de altos y bajos ingresos. En Wisconsin por ejemplo, los afroamericanos representan el 6% de la población, pero cerca del 40% de los muertos por Covid-19.[46] Esto sucede porque los afroamericanos son el grupo con índices más elevados de obesidad,[47] diabetes[48] y presión arterial alta.[49] Factores que multiplican exponencialmente el riesgo de morir por Covid-19.

La meritocracia universitaria

Hasta mediados del siglo XIX Argentina era un país pobre, despoblado, con altas tasas de analfabetismo y con permanentes conflictos internos. Hasta que en 1861 empezaron una serie de gobiernos que duraron hasta 1930 e hicieron foco en la educación y el desarrollo del país. En 1884 bajo la presidencia de Julio A Roca se promulgó la ley que garantizaba la enseñanza gratuita y obligatoria para todos los niños del país. Esta ley, junto con el impulso a la educación universitaria y buenas políticas públicas, transformaron un país pobre y caótico en una de las naciones más ricas[50] y con menor analfabetismo del mundo.[51] Con la llegada de los gobiernos militares y el populismo la situación cambió totalmente, convirtiendo a Argentina en un caso de estudio respecto a cómo un país que fue rico y desarrollado pudo regresar al subdesarrollo.

Al igual que Argentina, muchos países establecieron la educación primaria gratuita en la segunda mitad del siglo XIX. En Estados Unidos los niveles de alfabetización venían siendo muy altos desde el siglo XVIII gracias a los protestantes que querían que sus feligreses pudieran leer y estudiar la Biblia por sí mismos. Una vez que la población aprendió a leer y escribir, el siguiente paso fue la educación superior, para poder satisfacer la creciente demanda de profesionales que requeriría la economía del siglo XX. En muchos países del mundo a partir de mediados del siglo XX la educación universitaria fue gratuita o accesible para la mayoría de las personas. Esto fue la base no solo del crecimiento económico, sino de la justicia social y la meritocracia.

No importaba dónde hubieras nacido, si tus padres eran ricos o pobres, o si tus ingresos eran bajos. Si superabas el examen de ingreso podrías asistir a la universidad, y si había algún costo era algo que se podía afrontar ya sea con ayuda del gobierno, trabajando, con un crédito, o con ayuda familiar debido a que eran valores razonables. La educación universitaria era la base de la igualdad de oportunidades, el mecanismo por el cual quienes se esforzaban podían llegar a la cima. En los Estados Unidos las universidades revitalizadas por el aumento de la cantidad de estudiantes de diferentes grupos sociales fueron parte central del movimiento de la contracultura, que desafiaba los valores tradicionales apoyando causas como la lucha por los derechos civiles, oponiéndose a la guerra de Vietnam, a los autoritarismos, celebrando la libertad sexual, los derechos de las mujeres, nuevas formas de vestirse, nuevos géneros musicales como los Beatles o Bob Dylan. Era un lugar de sueños, de inspiración, de miedos y descubrimientos. Pero sobre todo era el punto de partida para una vida profesional próspera, para lograr más que nuestros antepasados, era el inicio del *American Dream.*

Este ideal de prosperidad y meritocracia comenzó a resquebrajarse lentamente en la década de los 90. Los jóvenes debieron enfrentar un panorama cada vez más complicado al terminar la universidad, con menos empleos disponibles para un número creciente de graduados, propiedades más caras y un mercado laboral que requiere perfeccionamiento constante, siendo necesario incurrir en costosos programas de posgrado. En Europa y la mayoría de los países la educación universitaria suele ser gratuita, pero en los Estados Unidos el costo se multiplicó varias veces: el promedio en el año 2018 para una carrera de 4 años en una universidad estatal fue de 101.160 dólares, y de 203.600 en una universidad privada.[52]

¿Por qué son tan caras las universidades en los Estados Unidos? Hay una combinación de factores, entre los que se encuentran el bajo cupo de admisión en las universidades de la Ivy League, en un contexto en el cual la población crece y se reciben muchos estudiantes internacionales, los altos sueldos de los profesores que dan pocas horas de clases a la semana, y los altos costos de mantenimiento de los enormes campus universitarios. Por otro lado, dado que los jóvenes se endeudan para estudiar, y estos créditos están garantizados por el gobierno federal, las universidades se preocupan poco por sus costos. Es otro ejemplo de un mercado distorsionado por políticas del gobierno federal. En contraposición, las universidades europeas son más baratas debido a que tienen edificios más austeros en las ciudades, y profesores que dan más horas de clases a la semana.

En relación al sistema universitario hay tres problemas. El primero es que por su costo, el acceso a las mejores casas de estudio se convirtió en muchos países en un privilegio de los ricos. Según una investigación de *The Equality of Opportunity Project*, en las mejores universidades norteamericanas (pertenecientes a la *Ivy League*) como por ejemplo Columbia, Yale o Harvard, un mayor número de estudiantes provienen del 1% de las familias de mayores ingresos que del 60% de menores ingresos.[53] Hay varias razones que justifican esta concentración, desde el alto costo anual que implica concurrir a esas universidades, hasta que el sistema de ingresos suele favorecer a los más ricos porque tienen más recursos para prepararse, así como credenciales extracurriculares como pasantías y voluntariados. Por otro lado, si bien en las últimas décadas hubo un aumento en la cantidad de jóvenes que asisten a la universidad entre todos los grupos sociales, no ha habido un incremento en la cantidad de graduados que provienen de familias de ingresos bajos y medios. Muchos de los que no logran finalizar su formación, terminan con una dura combinación de deuda estudiantil y sin un título universitario. En contraposición el número de estudiantes de familias de ingresos altos que consigue graduarse ha aumentado considerablemente.

El segundo problema de la educación universitaria es que no está formando suficientes científicos, matemáticos, enfermeros, ingenieros, especialistas de tecnología informática, desarrolladores de software, terapistas y trabajadores sociales. Carreras que demanda el mercado, y serán muy necesarias en la Cuarta Revolución Industrial. El tercer problema es que a las empresas les cuesta contratar personas con un tipo de formación no universitaria de formato tradicional. Hay un preconcepto respecto a que la educación universitaria es lo único que garantiza la calidad profesional. Hay personas que se capacitan mediante sistemas de aprendices, así como también haciendo varias carreras cortas e intercalando el estudio con la experiencia laboral y son excelentes profesionales.

Según la OECD, en 2018 el 32,3% de los jóvenes de Alemania de entre 25 y 34 años había completado el nivel universitario, en comparación con un 47% de los franceses y un 50% de los norteamericanos. Alemania sin embargo tiene uno de los sistemas de inserción laboral más exitosos del mundo, el llamado sistema dual de formación profesional. En él, el aprendizaje se realiza en el centro educativo y en la empresa, por lo que los estudiantes aprenden trabajando. Muchos jóvenes luego son contratados por la empresa en donde realizaron su entrenamiento. Gracias a esto la tasa de desempleo juvenil en Alemania se redujo a menos del 5,6%, contra un 21% en Francia y un 33% en España.[54] Este modelo está ganando popularidad entre los demócratas en los Estados Unidos[55] y políticos de otras partes del mundo.

Repensar el modelo universitario, sus costos y los profesionales que estamos formando es determinante si queremos recuperar la meritocracia, a los jóvenes, reducir el descontento social, reintegrar a los desplazados por el cambio tecnológico, y preparar al mundo para las posibilidades de la Cuarta Revolución Industrial.

Escuelas charter

Todo el modelo universitario sobre el que hablamos anteriormente no funciona si no hay antes una buena educación primaria y secundaria. En las últimas décadas el sistema público quedó rezagado en términos de calidad educativa, lo que aumenta aún más la brecha social. La educación pública –y la privada en menor medida– ha perdido su capacidad de innovación, de la mano de sindicatos docentes y gobiernos que le quitan flexibilidad a los colegios.

La alternativa al sistema público, son las escuelas charter. Estos son establecimientos financiados por los gobiernos, pero operados por grupos independientes. Reciben un pago fijo del gobierno por cada alumno. Un buen ejemplo es el de Success Academy que maneja 45 colegios en el área de NYC. Sus estudiantes superan en performance académica a los colegios de los suburbios más ricos donde el ingreso medio es hasta 6 veces más alto que para las familias de los estudiantes de Success Academy. Sus alumnos están entre el 1% de mejor desempeño tanto en matemáticas como lenguas en el ranking del estado de NY.[56]

Santiago Morgan, especialista en temas de educación comenta al respecto: “Las escuelas charter están en auge en varios estados de Estados Unidos. Están continuamente en el centro de discusiones entre sindicatos, familias, partidos políticos y estado. Muy poca gente es indiferente al avance de este modelo. Cualquier político que se esté postulando a un cargo tiene una opinión formada y pública sobre este tema. Básicamente se trata de colegios de gestión privada con financiamiento estatal. No son colegios privados porque no cobran matrícula y son abiertos a todo público. De hecho, la gran mayoría de los estudiantes pertenecen a sectores de bajos recursos. Pero tampoco son estatales porque se rigen con muchas menos regulaciones, no rinden cuentas de la misma manera y, fundamentalmente, las relaciones laborales que establecen con sus docentes son mucho más flexibles que en las escuelas públicas (he ahí el primer foco de conflicto con los sindicatos). Su éxito y razón de crecimiento se debe a los excelentes resultados que van obteniendo a lo largo de los años. Han demostrado sustanciales mejoras en estas tres áreas: menor tasa de deserción, mayor tasa de alumnos que ingresan a la universidad, y mejora en los promedios de evaluaciones académicas estandarizadas. En casi todos los casos por arriba de las escuelas públicas, y a veces hasta de escuelas privadas".

Es positivo que el estado no se entrometa en los colegios y universidades, porque se elimina el riesgo de uso político, y de querer influir en el pensamiento de los jóvenes. Este tema es muy relevante sobre todo en los países que han experimentado gobiernos populistas y autoritarios.

La curva invertida - Impuestos

El primer país en introducir un impuesto a las ganancias fue Reino Unido en 1798 para financiar la guerra contra Francia. En Estados Unidos se incorporó de forma temporal en 1861 para ayudar a pagar los gastos de la Guerra Civil, luego fue derogado por la Corte Suprema, y finalmente incorporado en la décimo sexta enmienda de la Constitución, facultando al gobierno federal a cobrar este tributo. Los impuestos y el gasto no superaron el 15-17% del PBI en la mayoría de los países hasta el comienzo de la Segunda Guerra Mundial.[57] Al finalizar la guerra, con la expansión del Estado de Bienestar, el gasto público comenzó a crecer hasta alcanzar niveles de entre el 35% y el 50% del PBI en la mayoría de los países desarrollados, siendo un poco más bajo en los emergentes.

Actualmente, en el contexto de la pandemia y de altos niveles de inequidad, la discusión de muchos economistas y políticos pasa por aumentar los impuestos a los ricos, tanto los que gravan sus ganancias como su patrimonio. La organización Tax Justice Now analizó la tasa efectiva de impuestos que pagan los diferentes grupos de ingreso en los Estados Unidos –incluyendo gravámenes a las ganancias, al consumo, al patrimonio, a la salud y a la propiedad– así como las propuestas de los principales referentes políticos.[58] El Senador Bernie Sanders propuso llevar la tasa total de impuestos a los más ricos al 98.2%, la Senadora Elizabeth Warren al 86.4%, Joe Biden al 30.6% y Donald Trump mantenerla en el 23% actual. Las propuestas de Sanders y Warren provocarían un éxodo de multimillonarios afectando seriamente la economía; por su parte, la de Biden es más equilibrada y la de Trump no haría más que seguir aumentando la inequidad.

Desde la década de 1980 los sistemas impositivos se han vuelto menos progresivos. Hoy un norteamericano medio destina casi un 27% de su ingreso a impuestos, número que aumenta al 40% cuando se toma en cuenta los pagos que hace a su empleador por su plan de salud. En comparación, el 1% más rico abona el 27% de impuestos y las 400 familias más ricas solo un 23%. Esto sucede porque los impuestos al consumo, al trabajo y la salud representan casi la totalidad de la carga impositiva de los que menos ganan. En contraposición, representan un muy bajo porcentaje entre los de mayores ingresos.

Veamos de dónde provienen estos ingresos. La alícuota máxima del impuesto a las ganancias personales es del 45% en la mayoría de los países europeos, del 37% en los Estados Unidos (en algunos casos se suman impuestos estaduales), del 45% en China, y de un 32% en promedio en Latinoamérica.[59] El impuesto al consumo es de alrededor del 8% en los estados más grandes de los Estados Unidos,[60] en Europa y en los países en desarrollo ronda el 20%. Argentina es un raro caso donde llega al 34% cuando se toman en cuenta IVA, impuestos provinciales y otros impuestos distorsivos. En relación a las obligaciones de la seguridad social, alcanzan en promedio el 21% en la Unión Europea, el 12% en Latinoamérica y solo un 7,65% en los Estados Unidos.[61] Si bien las alícuotas de los impuestos a los más ricos pueden parecer más altas, en la práctica hay muchas deducciones y mecanismos para reducir la tasa efectiva real, mientras que los que menos ganan suelen destinar un mayor porcentaje al pago de impuestos por el impacto de los que gravan al trabajo y al consumo.

Un sistema impositivo progresivo debería ser simple, tener pocos tributos y tener pocas excepciones. Algunos de sus componentes deberían ser: bajos impuestos al consumo y al trabajo, impuesto extra significativo sobre las segundas propiedades que no se encuentren alquiladas, impuesto a las ganancias con pocas deducciones, impuesto a la recompra de acciones, impuesto al carbono y límites el uso de fideicomisos y otros instrumentos para reducir el pago de impuestos. Las excepciones y la complejidad no solo benefician a los más ricos, sino que suman gastos contables, legales y administrativos a toda la economía aumentado los precios de los bienes y servicios. Los estadounidenses gastan 8.900 millones de horas al año completando declaraciones impositivas, lo que representa 45 horas por adulto. Esto cuesta a la economía 409.000 millones de dólares anuales,[62] lo que equivale al 2% del PBI y sería suficiente para reducir del 12% al 2% lo que pagan de impuesto a las ganancias los norteamericanos que ganan menos de 77.000 dólares al año.[63] Es inaudito que en la era de la inteligencia artificial y la automatización sea tan caro y complejo pagar impuestos.

Ahora bien, yendo a las alícuotas actuales de los impuestos a los más ricos, tanto al trabajo como al capital, no creo que deban ser incrementadas. Una alícuota superior al 40% desincentiva la inversión, la toma de riesgos, la innovación y la iniciativa privada. El problema es que debido a la complejidad del sistema impositivo y de las estructuras jurídicas, muchos terminan pagando alícuotas muchísimo más bajas o evadiendo impuestos; y es ahí donde se genera un faltante importante de recaudación para los gobiernos. Es preferible un impuesto a las ganancias más bajo, que uno alto cargado de excepciones.

Según el FMI la evasión fiscal cuesta a los gobiernos 3 billones de dólares al año, y los sobornos otros 1,5-2 billones. Los paraísos fiscales suponen entre 500.000 y 600.000 millones de dólares por año en pérdida de ingresos públicos.[64] Según un paper escrito por Larry Summers en el 2019, la evasión impositiva en los Estados Unidos podría alcanzar los 7,5 billones de dólares en los próximos 10 años, de los cuales 5 billones de dólares serán evadidos por el 1% más rico.[65] Con este dinero se podría reducir los impuestos a los que menos ganan, financiar la "descarbonización" de la economía global, así como también invertir en ciencia e infraestructura.

Las sociedades *offshore* están en el centro de la polémica por la evasión impositiva. Son formas jurídicas útiles para realizar negocios internacionales, o darle seguridad al patrimonio. En muchos casos personas que viven en Argentina, Venezuela, o en algunos países africanos y de Medio Oriente eligen estos instrumentos no porque quieran evadir impuestos, sino porque quieren poner su patrimonio al resguardo de medidas arbitrarias de gobiernos que suelen expropiar activos de sus conciudadanos.[66] Pero en el caso de los residentes de países desarrollados, recurrir a sociedades offshore muchas veces está asociado a la evasión impositiva o a la reducción del pago de impuestos mediante mecanismos que si bien son legales son bastante cuestionados.

El gasto público ineficiente

Según el BID en América Latina y el Caribe la ineficiencia en el gasto público alcanza el 4,4% del PBI. Se entiende por ineficiencia las "filtraciones en las transferencias, el mal gasto en compras públicas y el mal gasto en remuneraciones a empleados". Los valores varían entre un 1,8% del PBI en Chile, un 3,9% en Brasil y un exorbitante 7,2% en Argentina. Según el informe estas ineficiencias suman más de 220.000 millones de dólares anuales lo que equivale al PBI total de Perú.[67]

Argentina es la ejemplificación del gasto público ineficiente en Latinoamérica. En 1962 el PBI per cápita era más alto que el de Australia, Italia y Japón, siendo una de las naciones más ricas del mundo. Su gasto público era del 20% del PBI, con una educación y una salud pública utilizadas por toda su población, que se encontraban entre las mejores del mundo. En los últimos años el gasto público rondó el 40% del PIB,[68] pero la calidad de la salud y la educación públicas decayó fuertemente, al mismo tiempo que el empleo público aumentó un 70% entre el 2001 y el 2014, alcanzando hoy las 3,9 millones de personas.[69] La clase media no solo paga el doble de impuestos que en 1962, sino que debe contratar salud y educación privada reduciendo aún más su ingreso disponible.

Esta fiesta de gasto público, fomentada desde la política y los tecnócratas del Estado la pagan todos los ciudadanos. Se traduce en mayores impuestos al consumo y al trabajo que afectan principalmente a las personas de menores ingresos, y a su vez genera una carga impositiva que es tan pesada para el sector privado que reduce el crecimiento económico, impidiendo la generación de empleos de calidad. Existe una falsa creencia en la izquierda de que el gasto público siempre es redistributivo, cuando no siempre lo es. Hay que analizar bien cómo se financia ese gasto. Sacarle a los más pobres, para darle a los más pobres y que en el camino se quede algo el Estado no es la mejor fórmula para mejorar la calidad de vida de los que menos tienen.

El próximo ciclo de la inequidad

En 2008 el filósofo argentino Mario Bunge dijo en una entrevista con el diario *Perfil*: "Mientras haya diferencias marcadas, habrá intereses y luchas de clase. Lo que ocurre es que cuando se satisfacen las necesidades básicas se suaviza mucho la conflictividad y se adoptan tácticas más constructivas".[70] En un contexto signado por la crisis de la pandemia, la inequidad estará más expuesta que nunca, y la tentación a intentar resolverla mediante métodos que fracasaron en el pasado estará más latente que nunca.

El ciclo de inequidad actual concluirá a finales de esta década, por el inevitable giro que tendrá la política de la mano de los *Pandemials*. El inicio del nuevo e inevitable ciclo lo veremos de la mano de una nueva generación de gobiernos liberales que ataquen la inequidad con pragmatismo; o bien, porque llegan al poder gobiernos populistas que reducirán la inequidad con métodos anticuados que podrían funcionar en el corto plazo, pero afectarían seriamente la inversión y la capacidad de innovación de la economía, lo que empobrece significativamente a los países en el mediano y largo plazo.

Cuando comenzamos a hacer las cuentas vemos que hay mucho dinero para mitigar la inequidad sin recurrir a políticas populistas. Cerca de 5 billones de dólares entre evasión de impuestos y corrupción. Otro monto relevante achicando el gasto público ineficiente, como vimos en el caso de Latinoamérica. Además, eliminando deducciones y aplicando una tasa efectiva de impuesto a las ganancias del 40% a los más ricos, se podrían recaudar varios cientos de miles de millones de dólares adicionales. Esta enorme masa de fondos será necesaria para bajar los impuestos al consumo y al trabajo, que son los que más reducen el ingreso disponible de los que menos ganan. Tan importante o más importante que los recursos extra es eliminar las regulaciones que restringen la oferta de los bienes y servicios que componen la canasta de la meritocracia.

No obstante, en el marco de la enorme disparidad salarial provocada por el cambio tecnológico esto no será suficiente. Serán necesarios programas de transferencias de ingresos como el Earned Income Tax a una escala considerable. Por último, la meritocracia depende de la capacidad de los gobiernos de financiar salud y educación gratuita de calidad para toda la población, ya sea que la misma sea provista por el Estado o por el sector privado.

Como vimos a lo largo de este capítulo, la inequidad es un fenómeno muy amplio, que debe ser atacado por diferentes frentes. El problema requiere acción inmediata porque su no resolución podría abrir la puerta a una nueva era para los populismos en el mundo.

EL CICLO DE LA MADRE NATURALEZA

"El mundo no será destruido por aquellos que hacen el mal, sino por aquellos que lo observan y no hacen nada."
Albert Einstein

En la película *Jurassic Park*, a través del ADN de la sangre de un dinosaurio conservado dentro de un mosquito que quedó fosilizado durante millones de años, se logra que estos increíbles animales vuelvan a cobrar vida. Lamentablemente no hay señales de que se haya podido preservar un ADN real desde un tiempo tan remoto. Pero a casi tres décadas del estreno de ese film, gracias a los avances biotecnológicos, el proyecto Harvard Woolly Mammoth Revival liderado por el genetista George Church, busca que los mamuts vuelvan a la vida como una forma de combatir el cambio climático. A diferencia de los dinosaurios que se extinguieron hace millones de años, los mamuts vivieron en la Tierra hasta hace 4.000 años. Debido a que habitaron áreas que aún hoy son frías, hay una cantidad significativa de ADN que permanece en cadáveres congelados en la tundra.[1]

El ecosistema de la tundra se extiende principalmente en las regiones frías del norte de Rusia, Alaska, norte de Canadá, sur de Groenlandia y la costa ártica de Europa. Surgió en ausencia de estas grandes especies de pastoreo, y ahora se ve afectado y contribuye al cambio climático ocasionado por los humanos. Según el Dr. Sergey Zimov, la introducción de este tipo de especies generaría un ciclo de nutrientes que permitiría que los pastos se impongan sobre la flora de la tundra, convirtiendo el ecosistema en uno favorable a los animales herbívoros. Pero lo más importante en relación al cambio climático es que los animales grandes compactan y raspan gruesas capas aislantes de nieve, permitiendo que el frío extremo del invierno penetre en el suelo. Ese hecho ayuda a evitar la liberación de gases de efecto invernadero que han estado atrapados durante milenios. La potencial liberación de carbono es equivalente a quemar todos los bosques del mundo dos veces y media.[2]

El objetivo del Dr. George Church no es clonar al mamut, sino mediante edición genética (CRISPR) editar sus elementos cruciales en células del elefante asiático, y luego usar estas células modificadas para crear grandes animales que tienen las características del mamut. No será una copia perfecta del original, pero permitirá al elefante asiático sobrevivir al frío clima del Ártico, y cumplirá el objetivo de contar con un animal de gran porte que ayude a convertir la tundra en estepa.

Los modelos sugieren que el aumento de la temperatura por haber pasado de estepa a tundra fue de poco más de 0,1%,[3] lo que equivale a aproximadamente el 10% del aumento de la temperatura global desde el inicio de la revolución industrial.[4]

Este tipo de iniciativas son un ejemplo del pragmatismo que se necesita para frenar el cambio climático, y cómo la tecnología contribuye para evitar la catástrofe ambiental. No será suficiente con energías renovables y autos eléctricos, necesitaremos reforestación, reconstruir ecosistemas, ganadería sustentable, captura de carbono, impuesto al carbono, nuevas reglas para el comercio internacional y muchas políticas que requieren ser coordinadas y financiadas entre todos los países.

La pandemia y la madre naturaleza

La destrucción de la madre naturaleza y la cría industrial de animales como cerdos y pollos está directamente relacionada con enfermedades y pandemias como el Coronavirus. Según el reporte de la ONU *Preventing the next pandemic*,[5] en los próximos años se puede esperar un flujo constante de enfermedades que pasen de los animales a los humanos. La vida silvestre y el ganado son la fuente de la mayoría de los virus que infectan a los humanos. El informe cita una serie de impulsores de brotes, entre ellos, la creciente demanda de proteínas de origen animal, una agricultura más intensiva e insostenible, una mayor explotación de la vida silvestre, el aumento de los viajes mundiales y la crisis climática.

Según sus autores, el mundo está tratando los síntomas sanitarios y económicos de la pandemia, pero no la causa ambiental. La causa principal de estas epidemias "zoonóticas" –como el Ébola, el SARS, el virus del Nilo Occidental, la fiebre del Valle del Rift– es la destrucción de la madre naturaleza por parte de los humanos, y una creciente demanda de carne producida de forma no sustentable.

El Covid-19 fue provocado por la destrucción del medio ambiente a medida que China avanza sobre áreas silvestres, destruyendo ecosistemas, y dejando especies como ratas, primates y murciélagos sin sus predadores naturales. Estos animales desarrollaron sus propios virus y al ser vendidos en mercados, los mismos pasaron a los humanos.

La agricultura intensiva e insostenible, la crisis climática y la destrucción de los ecosistemas naturales están en el centro del problema. Según Doreen Robinson, Jefa de Vida Silvestre de la UNEP, "la actividad humana está rompiendo el amortiguador natural que una vez protegió a las personas de una serie de agentes patógenos. Es de vital importancia llegar a las causas fundamentales, de lo contrario, simplemente estamos reaccionando a las cosas".[6]

Un informe de la Universidad de Cambridge estima que el costo de la pandemia del Covid-19 podría alcanzar los 26,8 billones de dólares a lo largo de 5 años en un escenario moderado.[7] Financiar una transición hacia una agricultura y ganadería sustentables, y una economía libre de carbono, es muchísimo más barato que seguir por este camino y tener que afrontar este tipo de epidemias devastadoras de forma regular.

El cambio climático

Charles David Keeling del Instituto de Oceanografía Scripps fue uno de los primeros referentes científicos en registrar el cambio climático. En 1958 comenzó a medir los niveles de concentración de CO_2 en la atmósfera desde el Observatorio Mauna Loa, en Hawái. Utilizando rigurosos procedimientos analíticos, reveló informaciones precisas y con un nivel muy alto de detalle sobre la tendencia en las emisiones causadas por la actividad humana. Más de medio siglo después, su trabajo se sigue considerando una de las evidencias científicas más sólidas sobre el vínculo entre el consumo de combustibles fósiles y el cambio climático.[8]

Nuestro planeta alterna entre períodos glaciales e interglaciales. En los primeros, el clima es extremadamente frío, y gran parte del planeta permanece cubierto por hielo. En cambio en los interglaciales, las temperaturas son óptimas para el desarrollo humano, abundan la tierra fértil, el agua dulce, los animales para alimentarnos, la madera, y los minerales e hidrocarburos están más accesibles. Esta fase empezó hace 12.000 años y le quedan por lo menos otros 17.000 años.[9] Estos periodos constituyen ciclos de la madre naturaleza, y a diferencia de otros ciclos humanos, en este caso no se trata de iniciar uno nuevo, sino de que la acción del hombre no convierta el actual intervalo interglacial en uno no apto para el desarrollo de la civilización.

Desde la Revolución Industrial los combustibles fósiles fueron el motor de la economía global. Primero el carbón, utilizado para alimentar las máquinas a vapor, los ferrocarriles y más adelante las centrales térmicas. Y a partir de mediados del siglo XIX, el petróleo, de la mano de grandes corporaciones como la

Standard Oil Company que proveyeron el combustible esencial que impulsó la Segunda y Tercera Revolución Industrial. Al mismo tiempo la cantidad de bosques originarios se redujo considerablemente a causa de una mayor área destinada a la producción agropecuaria y el uso de la madera para la construcción y otros fines.

La década de 1980 marcó un agudo aumento de las temperaturas globales. Muchos expertos sitúan el año 1988 como el punto crítico en que la evidencia científica respecto al cambio climático se volvió irrefutable. Durante ese año se registraron las mayores temperaturas hasta el momento, y ocurrieron incendios y sequías importantes en los Estados Unidos. También fue el año en que el científico de la NASA James Hansen presentó un testimonio ante el Congreso norteamericano en el que afirmó que, de acuerdo a sus investigaciones, estaba "99 por ciento seguro" de que estaba ocurriendo el cambio climático.[10]

El cambio climático es el mayor de los problemas que describo en este libro porque tiene la capacidad de aniquilarnos como especie. Si no llega a eso, puede hipotecar nuestra calidad de vida y la de las futuras generaciones. No podemos vivir indefinidamente sin poner límites a la destrucción de nuestro planeta. Deberíamos haber comenzado a actuar seriamente hace ya muchas décadas, parte del daño producido ya es irreparable. Hay ecosistemas que nunca se recuperarán, y especies que nunca volverán. Para el 2050 la población mundial aumentará a 9.800 millones. Si tenemos en cuenta el creciente nivel de consumo, la situación se volverá aún más complicada.

En el año 2020 el gasto militar global será de 1,9 billones de dólares;[11] en contrapartida el gasto gubernamental en eficiencia energética, energías renovables, transporte sustentable e I+D vinculado a estas energías no supera los 250.000 millones de dólares, por lo que invertimos 8 veces más en armas que en combatir el cambio climático.[12] Cuando se trata de amenazas potenciales como una guerra o un ataque terrorista, los gobiernos no tienen reparos en desembolsar cientos de miles de millones de dólares. Sin embargo para frenar el cambio climático, que es un hecho real, que ya está sucediendo y que está provocando daños irreparables, no se destina lo suficiente.

El cambio climático debe ser tratado como lo que es: una amenaza real a la vida en la Tierra, ocasionará muertes y perjuicios económicos comparables con los peores conflictos bélicos de la historia de la humanidad. Solo por esto se le debería asignar al menos el mismo nivel de prioridad que al gasto militar o a la lucha contra el terrorismo.

Según el reporte de la ONU del 2019 se debería lanzar de forma urgente un *New Deal* de escala mundial para detener el cambio climático. El reporte sostiene que invirtiendo el 2% del PBI global o alrededor de 1,7 billones de dólares al año, se podría alcanzar una industrialización limpia en los países en desarrollo, produciendo una fuerte reducción de las emisiones hacia el año 2030 y generando 170 millones de empleos.[13]

Una de las manifestaciones más importantes del cambio climático es la desertificación, que afecta a los cinco continentes. El agua es la base de la vida en la Tierra y probablemente en el universo. No es casual que cuando los científicos buscan vida en otros planetas, lo primero que intentan hallar es evidencia de presencia de agua.

En algunos países la situación ya es crítica, llegando al punto de que existen los llamados "mercaderes de la sed" que lucran con la desertificación, vendiendo agua transportada en camiones cisternas a precios exorbitantes.[14] En otros casos, hay conflictos diplomáticos entre países por las aguas, como entre Etiopía y Egipto por el aprovechamiento del Nilo. En Siria la falta de agua y los malos cultivos llevaron a un éxodo de la población desde las áreas rurales a las ciudades, lo que exacerbó la guerra civil. La comunidad de inteligencia remarca que existe una conexión entre el cambio climático y el terrorismo, vinculando el declive de la agricultura y la ganadería, con la efectividad de las estrategias financieras para reclutar terroristas por parte de al-Qaeda.[15]

La UNEP estima que para el año 2045 habrá 135 millones de personas desplazadas por la desertificación, y que actualmente 1.000 millones viven en áreas ya vulnerables.[16] África, donde los científicos creen que empezó la vida humana, es el continente más amenazado. La desertificación está teniendo un rol importante en las grandes pasturas del este de África, el desierto de Kalahari y el de Sahara. En países como Etiopía el 80% de la tierra está en riesgo. En Australia, algunos países de Asia y la zona de California, la desertificación también avanza producto del cambio climático. El sobrecultivo, la tala de árboles y el uso irresponsable del agua no logran ser reducidos.

Los refugiados climáticos deben abandonar sus pueblos y hasta sus países porque no tienen agua para beber, cultivar ni hidratar a sus animales. La tierra se vuelve árida y rocosa, los cultivos se secan, los árboles caen, los animales mueren deshidratados, los arroyos desaparecen, los pozos de agua se llenan de arena, y la vida se vuelve imposible.

Junto con la desertificación y el aumento de las temperaturas, avanzan los incendios forestales que si bien son parte de la naturaleza, se vuelven cada vez más grandes y frecuentes. El verano del 2019-2020 es conocido en Australia como el "verano negro", por los incendios forestales descontrolados que comenzaron en junio y alcanzaron su pico en diciembre-enero. Se quemaron 10,6 millones de hectáreas, una superficie más grande que Corea del Sur o Portugal.[17] Murieron 34 personas y más de 1.000 millones de animales, dejando algunas especies al borde de la extinción. Unos meses más tarde California experimentó los mayores incendios de su historia, que incluyeron tornados de fuego. En Argentina hubo importantes incendios en las provincias del centro y del norte del país. También en el

Amazonas hubo un récord de incendios, con el agravante de que la mayoría fueron provocados por los mismos agricultores para aumentar el área destinada a la agricultura.

Simultáneamente sigue aumentando el nivel de los océanos, y los fenómenos meteorológicos extremos como los ciclones y los huracanes se vuelven más frecuentes. El nivel del mar se ha incrementado 25 centímetros desde 1880 y el proceso se está acelerando año a año.[18] Ciudades como New York, New Orleans, Río de Janeiro, Osaka, Bangkok, Shanghái, y muchas otras están en riesgo de quedar bajo el agua. Un mayor nivel del mar implica mayores tormentas, inundaciones y desastres naturales. Diferentes estimaciones hablan de un aumento del nivel del mar para el año 2099 que va desde los 30 cm hasta los 5 metros en caso de un rompimiento de la capa de hielo antártica.[19] Esto tendría consecuencias ambientales, económicas y sociales devastadoras.

Desde el lado de la biodiversidad, los científicos afirman que estamos enfrentando la "sexta extinción masiva", con animales que desaparecen a una tasa entre 100 y 1.000 veces superior a la considerada natural.[20] Muchos ya se han extinguido, como el bucardo de los Pirineos, la cebra de las llanuras (quagga) originaria de Sudáfrica, el tigre de Tasmania, el bisonte de las grandes llanuras de América del Norte, el pájaro carpintero imperial, el rinoceronte lanudo de Europa y Asia, el rinoceronte negro de África Occidental, el sapo dorado, la foca monje, el gorrión de costa oscura, y la lista continúa. Ellos nunca volverán.

El deterioro y la destrucción de los hábitats es la principal causa de la pérdida de la biodiversidad. Al transformar selvas, bosques y pastizales en campos agrícolas y ganaderos, carreteras o zonas urbanas, se destruyen cientos de ecosistemas. Lo mismo sucede con los océanos, afectados por la acidificación (por la absorción de CO_2), que descompone los arrecifes y otros organismos. De igual modo, constituye una amenaza la contaminación de los mares con plásticos, los cuales son ingeridos, provocan asfixia o terminan enredando a especies marinas. En el medio del Océano Pacífico hay una isla de basura que se estima en 600.000 millas cuadradas, el equivalente a tres veces la superficie de España o Francia.[21]

En 2009 un grupo de científicos internacionales propusieron el concepto de ´límites planetarios´, para definir un espacio de actuación seguro para el desarrollo humano. Los científicos afirman que una vez que las actividades humanas sobrepasan ciertos umbrales hay un serio riesgo de un cambio climático brutal e irreversible. Se identificaron nueve límites que no deben ser cruzados si queremos permanecer en la zona segura de nuestro planeta. Sin embargo, debido a la falta de acción de gobiernos, empresas y ciudadanos, muchos ya han sido dejados atrás y otros tantos están próximos a serlo.[22]

El límite vinculado a la cantidad de CO_2 en nuestra atmósfera ya se atravesó, y esto dificulta llegar al objetivo de mantener el aumento de la temperatura global de no más de dos grados sobre los valores pre-industriales. En lo referido a la pérdida de biodiversidad –que incluye todas las especies que viven en la biosfera así como también los bosques, pastizales y arrecifes– también se superó el punto crítico, y estamos cerca de cruzar otros límites como el nivel de acidificación de los océanos.

Impuesto al carbono

Ha habido varios intentos por acotar el cambio climático, entre los principales se encuentran la Cumbre de Río de Janeiro de 1992, el Protocolo de Kioto de 1997, la Cumbre de Copenhague del 2009 –opacada por la crisis económica– y el Acuerdo de París del 2016. Sin embargo, estas iniciativas mostraron rápidamente sus limitaciones. En primer lugar, la no participación de todos los países; por ejemplo Donald Trump inició en noviembre del 2019 el proceso para abandonar el Acuerdo de París. Y por otra parte, muchas fábricas mudaron su producción a países no participantes, donde sí pueden contaminar. Eso genera que haya naciones que son "importadores de CO_2" debido a que los productos que importan tienen una alta carga de CO_2 producido fuera de su territorio. Esto solo implica un traslado geográfico de las emisiones, no su reducción.[23]

La forma más efectiva de lograr avances en lo inmediato en la reducción de los GEI (gases efecto invernadero) es mediante un impuesto a las emisiones en todos los países, y a las importaciones desde los países que no participen de los acuerdos climáticos. El impuesto a las importaciones debería estar dictaminado por la OMC (Organización Mundial del Comercio), dado que es el único organismo que tiene el poder para hacer cumplir un programa de esta escala, y que por tratarse de una práctica competitiva desleal entra en su órbita de actuación. Si no se toman en cuenta las importaciones, es prácticamente imposible lograr un compromiso mancomunado. Debería ser instrumentado en el marco de un *Decarbonization Deal* de alcance global que estimule el crecimiento de la economía mundial y permita a los países más pobres adaptarse rápidamente a este propósito de reducir las emisiones. Un informe de Brookings Institution afirma que un impuesto al carbono en los Estados Unidos de 50 dólares la tonelada, con un crecimiento del 5% anual entre el año 2020 y el 2030, podría disminuir las emisiones hasta un 50% por debajo de los niveles del 2005.[24]

Hay una obligación moral por parte de los países desarrollados hacia los subdesarrollados en relación al cambio climático. Nos deberíamos preguntar porque los africanos deben sufrir las peores consecuencias de una situación a la que han contribuido muy poco, siendo que ese continente tiene las menores emisiones totales y per cápita del mundo.[25] Corresponde que estos países reciban toda la ayuda que necesiten, no solo para poder reducir sus emisiones, sino también para enfrentar los efectos negativos de un cambio climático que no generaron.

Las emisiones del 1% más rico de la población global, más que duplican las emisiones del 50% más pobre.[26]

Las emisiones per cápita entre países son muy disímiles. El promedio global es de 4,8 toneladas de CO_2 por persona. Los norteamericanos o los australianos emiten entre 16 y 17 toneladas de CO_2 anuales, el triple per cápita que los franceses, los suecos o los ingleses que emiten alrededor de 5 toneladas. [27] Aun teniendo en cuenta las particularidades geográficas y económicas, esta diferencia en emisiones per cápita es escandalosa.

Según un estudio de la organización Tax Foundation, en los Estados Unidos un impuesto a las emisiones de 50 dólares por tonelada, que vaya creciendo al 5% anual, generaría USD 1,87 billones de ingresos adicionales al gobierno federal en 10 años. Por sí solo el impuesto tendría un impacto negativo del 0,4% anual sobre el PBI, reduciría los salarios y eliminaría el equivalente a 447.000 empleos. Pero si el dinero recaudado se destina a otros fines, se podría generar un resultado positivo sobre el PBI, sobre los salarios y un efecto redistributivo. El informe cita que con ese dinero se podría bajar 2,4 puntos porcentuales de los aportes que realizan los empleados para financiar la seguridad social. Esto provocaría un aumento adicional del 0,1% del PBI y un aumento de ingresos para el 95% de los americanos que menos ganan. Otra de las alternativas es usar esos fondos para dar beneficios a la inversión en investigación y desarrollo de las empresas. Esto tendría un efecto positivo sobre el PBI del 0,8% anual pero negativo sobre la mayoría de los salarios. El informe concluye que un impuesto al carbono bien diseñado es la forma más eficiente de restringir las emisiones,[28] y a la vez reduciría la inequidad social y aumentaría el crecimiento económico.

Un documento firmado por cuatro ex presidentes de la Fed y 15 ex presidentes del Consejo de Asesores Económicos del gobierno de los Estados Unidos afirma que "teniendo en cuenta el costo-beneficio, un impuesto al carbono es la mejor forma de reducir las emisiones a la escala y velocidad que se necesita".[29] Según un informe del FMI del año 2019, el actual impuesto al carbono es de un promedio de 2 dólares por tonelada, y debería ser elevado a 75 dólares para el año 2030. Esto provocaría un aumento de los precios al consumidor del 43% en la electricidad y del 14% en la gasolina en los países del G20.[30] Sin embargo si con lo recaudado se redujeran los impuestos al trabajo, el incremento de precios sería compensado por el aumento de ingresos.

El alza de precios sería transitoria debido a la fuerte e ininterrumpida reducción en los costos de producción y almacenamiento de energías renovables que se desarrollaron en las últimas décadas. Todo indica que continuarán en el futuro.

La alternativa al impuesto al carbono consiste en complejos sistemas de subsidios para las energías renovables que provocan distorsiones en el mercado, haciendo todo el proceso de transición energética menos eficiente. Estos esquemas son promovidos por la tecnocracia gubernamental que busca tener un nuevo y enorme programa estatal bajo su control. Al mismo tiempo protegen los intereses de las petroleras y otros sectores que desean evitar un impuesto al carbono, y dan una imagen frente al público de estar promoviendo las energías renovables. El impuesto al carbono elimina la discrecionalidad de los políticos a la hora de asignar los recursos, dotando de mayor eficiencia y transparencia a todo el proceso.

El avance renovable

Frenar el cambio climático ya no es una cuestión de tecnología, es una cuestión de recursos y sobre todo de decisión política. La baja en el costo de las energías renovables y de su almacenamiento terminará reduciendo fuertemente las emisiones en algún momento. El punto clave es que cuando esto suceda no sea demasiado tarde y el daño medioambiental (que será enorme e irreversible) sea manejable. A nivel global desde el 2012 todos los años se adiciona más capacidad a la red de energía renovable que de otras fuentes.[31]

Paneles solares, parques eólicos, baterías de bajo costo, redes eléctricas inteligentes, autos eléctricos, bombas de calor, captura de carbono, electrodomésticos que adaptan su consumo a los picos de demanda, entre otros avances tecnológicos. Todos ellos son parte de la revolución global de las energías renovables y el consumo sostenible.

De todos modos, por el momento una matriz energética no puede depender solo de las energías renovables, debido a que cuando no hay ni sol ni viento se debe recurrir a las fuentes tradicionales (hidroeléctrica, termoeléctrica y nuclear). Los picos de consumo tienen lugar temprano por la mañana y al anochecer cuando la gente regresa de sus trabajos. Los picos de producción para las energías renovables ocurren al mediodía (para la solar) y durante la noche (para la eólica). En el futuro habrá nuevas formas de almacenamiento que eliminarán el desfasaje entre generación y consumo, y harán que la energía esté disponible cuando se la necesite.

El problema con guardar energía es el costo. Sin embargo eso está cambiando y mucho más rápido de lo que se preveía. Los valores de las baterías y otros sistemas de almacenamiento están bajando de forma firme y sostenida en todo el mundo.[32] Esto permitirá sostener y acrecentar el crecimiento de las energías renovables y a largo plazo tener una matriz energética que dependa ciento por ciento de ellas. Un reporte de Bloomberg NEF (BNEF) estima que las instalaciones de almacenamiento de energía (sin incluir las hidroeléctricas) alrededor del mundo se multiplicarán exponencialmente desde los 9 GW del 2018 hasta los 1.095 GW en el 2040, y requerirán una inversión de 662.000 millones de dólares. Esto será posible debido a la fuerte reducción en el costo de las baterías.[33]

Durante un día soleado y con viento casi el 80% del consumo energético de Alemania proviene de fuentes renovables; sin embargo si está nublado y no sopla viento el porcentaje puede bajar fuertemente. Entre enero y julio de 2019 el 47,3% del consumo energético se originó en fuentes renovables. Esto es muy significativo dado el tamaño de la economía alemana y demuestra la férrea determinación del país para enfrentar el calentamiento global.[34]

Empresas del sector energético ya han comenzado a invertir en baterías para poder ampliar el potencial de las energías renovables. Los analistas reconocen que las empresas podrían reducir sus emisiones en un 10-20%, mediante mayor eficiencia energética al mismo tiempo que reducirían sus costos. En el sector logístico el ahorro energético podría llegar al 35-40% por mayor digitalización y optimización del espacio disponible en las vehículos de carga. A nivel hogareño la disminución de costos hace posible utilizar paneles solares y baterías para abastecer el consumo. La mayor eficiencia energética de los electrodomésticos y el uso de lámparas de bajo consumo hace que los hogares usen menos energía que en el pasado. En el 2019, el 21,5% de la energía producida en Texas, que es uno de los estados más ligados a los combustibles fósiles, provino de fuentes renovables.[35]

La otra gran transición es la de los autos eléctricos, muy importante por el alto porcentaje de las emisiones que provienen de los motores a combustión. Un reporte de Bloomberg del año 2020 calcula que para el 2025 el 10% de los automóviles en circulación a nivel mundial serán eléctricos, y un 28% para el 2030.[36] China vendió en 2016 más de 1,2 millones de autos eléctricos;[37] y en Noruega más del 56% de los que se vendieron en el 2019 fueron de este tipo.[38] En los Estados Unidos la propuesta climática presentada por los demócratas exige a las automotrices producir exclusivamente autos eléctricos a partir del 2035.[39] Junto con los vehículos eléctricos vienen los autónomos, que son más eficientes en el uso de energía. En relación a la industria de la aviación, que produce el 3% de las emisiones globales (el porcentaje podría subir al 5-9% para el 2050), se proyecta que durante la década de 2020 comiencen a ser utilizados aviones eléctricos para trayectos cortos. Varias empresas ya trabajan en prototipos, que en los próximos años llegarán al mercado.

Frenar el cambio climático no solo involucra la matriz energética y la tecnología, también abarca cuestiones muy importantes como la reforestación. Los bosques son una parte central del ciclo del carbón, debido a que las plantas a través de la fotosíntesis absorben el dióxido de carbono. Al removerlo del aire, guardan grandes cantidades de carbono. Los bosques capturan alrededor de un tercio de las emisiones de dióxido de carbono globales, por lo que cualquier aumento en la superficie de árboles que cubre el planeta ayuda a mitigar el cambio climático.

Los árboles también desempeñan un rol muy importante en el control de la desertificación dado que ayudan a retener el agua y reducen la erosión del suelo. Actualmente hay muchos proyectos de reforestación impulsados por fundaciones y gobiernos. La tecnología está volviendo más eficiente este proceso, combinando voluntarios con taladros dirigidos por GPS y sistemas de plantación automáticos. El uso de imágenes satelitales, drones y el análisis de muestras del suelo ayuda a encontrar la mejor forma para luchar contra la desertificación y la degradación del suelo en cada región. En los entornos urbanos también son muy importantes. La presencia de árboles en las casas y vecindarios, está correlacionada con un aumento del valor de las propiedades de entre el 5% y el 18% en los Estados Unidos,[40] ayudando no solo a hacer el ecosistema urbano más agradable, sino también a bajar los gastos de climatización.

Dado que las emisiones tardarán en ser reducidas, el nivel acumulado de CO_2 en la atmósfera será aún más alto que el actual en las próximas dos o tres décadas, por lo que será necesario lograr "emisiones negativas" con tecnologías de captura de carbono para removerlo directamente de la atmósfera y bombearlo a formaciones de rocas sedimentarias que se encuentran bajo el suelo. Esta maquinaria es muy intensiva en el uso de energía, pero con la reducción del precio de las energías renovables y mejoras en la curva de costos podrían volverse comercialmente viables.

Por último es importante tomar conciencia a nivel individual de nuestras emisiones personales de CO_2. La aplicación My Carbon Action, lanzada a fines de 2019, analiza automáticamente los datos de las compras que realizan las personas para determinar cuánto carbono generan sus consumos de bienes y servicios.[41] Anteriormente mucha gente hacía este cálculo de forma manual, pero el hecho de poder hacerlo automáticamente, asociado a las plataformas bancarias, facilita la tarea. Estandarizar este proceso y ponerlo a disposición de más consumidores es una gran herramienta para generar conciencia respecto al cambio climático.

El ocaso del oro negro

El petróleo impulsó el siglo XX, sus autos, sus guerras y su economía. En este momento estamos en medio de un shock energético que acelerará la transición hacia un nuevo ordenamiento: la electrificación basada en la energía renovable y el fin del motor de combustión interna.

El petróleo tiene las décadas contadas, será una transición lenta pero firme que terminará con la industrialización de este recurso tal como la conocemos hoy en día. Las nuevas tecnologías se han unido en su contra. Seguirá habiendo usos para el petróleo, como la producción de plásticos y petroquímicos, pero los hidrocarburos ya no serán el motor de nuestra economía. Algunas empresas petroleras desaparecerán, otras continuarán sus negocios con el gas natural (que tiene algunas décadas más de vida que el petróleo) y otros incorporarán las energías renovables y otros negocios no petroleros. Gigantes energéticos europeos como Royal Dutch Shell y Total lideran esta reconversión.[42] Este proceso se aceleró con el desplome en los precios del petróleo que vimos durante la pandemia. El ocaso de esta industria se viene insinuando desde hace muchos años, y se refleja en los valores al cual cotizan las empresas petroleras, mucho menores en relación al promedio del mercado. En 2011 Exxon Mobile era la firma número uno del mundo por valor de mercado, hoy es la número 30.[43]

Como siempre los mercados se anticipan. ¿Qué inversor quiere colocar su dinero en un negocio que tiene las décadas contadas? El retorno tiene que ser muy bueno, ya que debo recuperar lo invertido en un plazo corto. Lo mismo sucede con la energía a carbón. ¿Quién querría poner plata en la construcción de una de estas plantas? En las empresas de energías renovables, la curva de costos las vuelve cada vez más competitivas.

El ocaso de la industria petrolera tal como la conocemos es una sentencia de muerte para muchos liderazgos autoritarios como los de Vladimir Putin en Rusia, Nicolás Maduro en Venezuela, Mohammed bin Salmán en Arabia Saudita, Bashar al-Assad en Siria y otros países que dependen del petróleo. Al tener tantos ingresos gracias a sus hidrocarburos prefirieron no desarrollar otros sectores económicos. En las últimas dos décadas, los altos precios del petróleo les permitieron cumplir su sueño: tener un estado grande y poder controlar todas las empresas mediante empresarios vinculados y financiados por el gobierno. No hay un sector privado pujante, no hay sociedad civil independiente, no hay creatividad e innovación. Todo de alguna forma tiene que estar atravesado por el gobierno, todo tiene que estar controlado. Esto provocará que a los autoritarismos les resulte difícil manejar la transición y en muchos casos podríamos ver cambios sociales y un retorno de la libertad y la democracia.

¿Se imaginan el impacto de un gobierno de características liberales en Rusia? ¿Qué sucedería si los rusos, al igual que lo hicieron en 1917 contra el Zar, en 1941 contra los nazis y en 1991 contra el comunismo, decidieran cambiar de régimen? Del mismo modo que el colapso de los precios del petróleo durante la década de 1980 tuvo un papel importante en la crisis económica y llevó a la caída del comunismo, la Rusia del "Zar" Vladimir Putin podría tener su propia debacle. El pueblo ruso puede aguantar dificultades, pero es valiente y rudo. Varios años más de crisis, y los ciudadanos podrían cambiar sus opiniones respecto al régimen actual. Las inspiradoras imágenes de las personas en las calles demandando sus derechos en la ciudad rusa de Khabarovsk, así como las manifestaciones en la República de Bielorrusia (aliada al Kremlin), son un anticipo del cambio que podría acontecer. Una mayor integración de Rusia con los países europeos, llevaría a la libertad hasta la frontera china. En contraposición, China, Corea del Norte y Cuba se beneficiarían porque son importadores de petróleo.

Más eficiente que invertir los cientos de miles de millones de dólares que se destinan a presupuestos militares para pelear contra estos autoritarismos, sería utilizar una parte para acelerar la transición energética y reducir la fuente de ingresos de estos regímenes, que en muchos casos también están vinculados a la financiación del terrorismo como el caso de Irán.

Conclusión

La creciente participación electoral de los *Millennials* y *Pandemials*, a los que se sumarán los Alphas (nacidos entre 2012-2025) a partir del 2030, convertirán a los temas ambientales en una política de Estado, independientemente de cuál sea el partido que gobierne. Es aquí donde se junta la energía de los

Pandemials con el poder de la madre naturaleza. Serán pocos los gobiernos o partidos políticos que puedan negarse a tomar medidas muy contundentes contra el cambio climático. En los países desarrollados los gobiernos, tanto de izquierda como de derecha, abrazarán la causa del cambio climático para no perder electores. Es muy probable que los republicanos en los Estados Unidos, así como otros partidos de centro derecha en el mundo, se vean obligados a tener que incorporar un impuesto al carbono y otras propuestas en sus plataformas electorales. Deberán hacerlo para no quedar fuera de la competencia política.

Queda claro que el mundo tiene dos caminos. Podemos invertir fuertemente en tecnologías que nos permitan mantener nuestro elevado nivel de vida con un número significativamente menor de emisiones; o reducir el uso de nuestros autos, viajes en avión y climatización, lo cual no creo que sea una opción.

Lo mismo sucede con nuestro alto índice de consumo de proteína animal. Las pandemias provocadas por el modelo de ganadería intensiva surgirán cada vez con mayor frecuencia en las próximas décadas. Independientemente de cuestiones referidas a la crueldad sobre los animales, este modelo de alimentación no es sustentable. Sin un cambio de conciencia al respecto, vamos hacia una catástrofe sanitaria. El tema es difícil en un contexto de creciente demanda de proteínas que deberán ser cubiertas por ganadería sustentable o fuentes no animales.

Debemos preservar el mundo para las futuras generaciones, dado que es un bien comunitario y transgeneracional. Sería muy egoísta no cuidar el planeta, porque no nos pertenece a nosotros. Lo estamos ocupando temporalmente como lo han ocupado tantos Sapiens en los últimos 200.000 años y lo ocuparán muchos otros en el futuro. Tenemos la tecnología y los recursos para frenar la catástrofe ambiental y sanitaria, y a la vez generar efectos positivos sobre la economía. Podemos hacerlo. Pero debemos hacerlo antes de que sea demasiado tarde.

EL CICLO TECNOLÓGICO

"Hemos decidido ir a la Luna. Elegimos ir a la Luna en esta década y hacer lo demás, no porque sean metas fáciles, sino porque son difíciles, porque ese desafío servirá para organizar y medir lo mejor de nuestras energías y habilidades, porque ese desafío es un desafío que estamos dispuestos a aceptar, uno que no queremos posponer, y uno que intentaremos ganar."

John F. Kennedy
Universidad Rice, 12 de septiembre de 1962

En 1939 los servicios de inteligencia norteamericanos advirtieron al presidente Franklin D. Roosevelt que científicos nazis estaban trabajando en la fabricación de un arma nuclear. Esto derivó en la creación de las agencias que formarían el Proyecto Manhattan, en el marco del cual se creó la bomba atómica que permitió a los Estados Unidos poner fin a la Segunda Guerra Mundial. Trabajaron más de 130.000 personas y se invirtieron más de 28.000 millones de dólares.[1] Este desarrollo resultó posible en tan poco tiempo gracias al trabajo conjunto entre el gobierno federal, varias universidades y los contratistas privados.

Unos años más tarde, el 23 de septiembre de 1949, el presidente Truman reveló públicamente que la Unión Soviética había realizado su primer ensayo nuclear exitoso. El artefacto conocido como RDS-1 fue detonado por los soviéticos en las estepas del noreste de Kazajistán.[2] Estados Unidos había perdido su corto monopolio como la única nación con armas nucleares. La reacción del presidente norteamericano consistió en ordenar un aumento del gasto militar y de la inversión en nuevas tecnologías. La carrera tecnológica y militar iniciada por Truman duraría los siguientes 40 años.

El exitoso modelo de colaboración entre el gobierno, los contratistas privados y las universidades utilizado durante el Proyecto Manhattan se expandió durante la Guerra Fría, siendo su máxima expresión la llegada del hombre a la Luna el 20 de julio de 1969. La superioridad tecnológica es uno de los puntos más importantes de la supremacia del mundo libre frente a los autoritarismos. La inversión en I+D (investigación y desarrollo) por parte del gobierno federal norteamericano era del 0,53% del PBI en 1951; durante la década de 1960 subió a un promedio de casi el 2%; en la década de 1980 bajó al 1,12%, y al 0,75% en la última década (2010).[3] La Unión Europea invierte un porcentaje similar[4] y el gobierno chino un número significativamente menor, pero que crece rápidamente.[5]

En su libro *The storm before the calm*, George Friedman explica cómo a raíz de la necesidad del Ministerio de Defensa estadounidense de una pequeña computadora para sus misiles guiados, Texas Instruments desarrolló el microchip, que pudo ser instalado en un misil Minuteman en 1962. Fue también el Departamento de Defensa el que creó la constelación de satélites que permite la navegación precisa y guiar misiles, que conocemos como GPS. En los años 60 ese mismo Ministerio necesitaba una forma de poder transmitir información de forma rápida, y esto derivó en el envío de datos a través de líneas de teléfono. De ese sistema devino la base de la aplicación llamada ARPANET, conocida hoy como internet.[6] La lista continúa: el primer teléfono celular fue usado por el Ejército norteamericano; la micro cámara, diseñada en 1985 por la Oficina Nacional de Reconocimiento para sus satélites espías, y luego en los smartphones. Por su parte, el Departamento de Energía desarrolló las baterías de litio.[7]

El microchip permitió a IBM desarrollar las potentes computadoras hogareñas operadas con el software de Microsoft. El celular del Ejército y la micro cámara de los satélites espías permitieron a Steve Jobs concebir el exitoso IPhone. ARPANET permitió a Sergey Brin y Larry Page crear Google, y las baterías de litio permitieron a Elon Musk fabricar los modernos autos de Tesla. El GPS posibilitó empresas como Uber y una amplia serie de aplicaciones de economía compartida que utilizan geolocalización. Todas estas tecnologías juntas permitieron crear la computación en la nube, internet de las cosas y la inteligencia artificial, que derivaron en innovaciones como los autos autónomos.

La economía global se basa en tecnologías desarrolladas por el gobierno norteamericano hace más de 40 años. La Tercera Revolución Industrial, basada en el poder del microchip, terminó alrededor del año 2010. Ahora estamos en la etapa posterior de masificación y eficientización de sus productos y aplicaciones. Pero todavía estamos lejos de la próxima revolución industrial por la falta de inversión de los gobiernos en I+D.

Los privados destinan cuantiosos recursos para el desarrollo de sus productos y servicios, pero no tienen la capacidad ni el incentivo económico para invertir en ciencia base y en iniciativas de largo plazo que sí resultarían transformadoras. La inversión en ciencia básica y otros ambiciosos proyectos suele ser financiada y coordinada por los gobiernos. La financiación pública a gran escala y la coordinación entre gobierno, universidades y sector privado se redujo significativamente con el fin de la Guerra Fría. Como consecuencia de ello, a partir del 2011 la productividad de la economía comenzó a crecer más lentamente.[8] Durante la década de 2020 veremos un leve repunte por la masificación de tecnologías como la inteligencia artificial y los autos autónomos, pero se prevé que hacia mediados de la década de 2030 este proceso se agotará y afectará seriamente la productividad. Poder iniciar el próximo ciclo de desarrollo tecnológico requiere que los gobiernos renueven su compromiso con la ciencia.

La inversión en I+D produce retornos difíciles de igualar por otras inversiones tanto públicas como privadas. Un reporte de Science Business del año 2017 sugiere que la rentabilidad de largo plazo de la inversión pública en I+D sería del 20% anual, en comparación con el 9,8% del S&P en los últimos 90 años.[9] El proyecto del Genoma Humano impulsado por el gobierno norteamericano tuvo un retorno de 141 dólares por cada dólar invertido.[10] Los argumentos técnicos están claramente a favor de la ciencia. El problema radica en que, a diferencia de los estadistas que miran el largo plazo, los políticos actuales se concentran en temas que sean visibles dentro de sus cuatro años de mandato, y la ciencia no entra en esta categoría.

De Neandertales a exploradores espaciales

¿Cómo pasamos los humanos de ser una civilización tecnológicamente rudimentaria a principios del siglo XVIII a poner un hombre en la Luna doscientos años más tarde? Hay una confluencia de factores. Primero, la Revolución Gloriosa de 1688 en Inglaterra de la que emergieron las instituciones liberales modernas que garantizan los derechos de propiedad, las patentes, y permitieron el desarrollo de mercados para que los inventores comercializaran sus productos. La segunda, fueron los conflictos bélicos que aceleraron la inversión en I+D como una forma de tener superioridad sobre el enemigo. Y la tercera, los valores del Iluminismo que generaron un entorno favorable al progreso de la ciencia. Estos son algunos de los motivos que explican cómo los humanos pasamos de ser Neandertales a exploradores espaciales.

Hasta comienzos del siglo XVIII los ciclos del desarrollo tecnológico eran muy lentos. Resulta difícil percibir la diferencia entre la ciencia y la tecnología de la antigua Roma (753 AC-476

DC), y la que existía 1.200 años más tarde antes del inicio del Renacimiento. La mayoría de la población vivía en el campo en la extrema pobreza, y la esperanza de vida era de poco más de 30 años.[11] Este panorama comenzó a cambiar con la Primera Revolución Industrial que se produjo entre los años 1760 y 1840. Con ella se iniciaron ciclos de entre 80 y 130 años, compuestos por una nueva revolución industrial más un periodo de optimización y masificación de las nuevas tecnologías.[12] [13]

La Primera Revolución Industrial estuvo marcada por la máquina a vapor y la mecanización de la manufactura. La Segunda se produjo entre 1870 y 1914. Sus tecnologías más relevantes fueron la electricidad, el acero, el petróleo y otros avances que provocaron un fuerte crecimiento económico. La Tercera Revolución Industrial o Revolución Digital comenzó en la década de 1950 y se extendió hasta el año 2010. Su primera fase trajo los desarrollos de la Guerra Fría, luego dejó paso a una segunda fase con tecnologías como la inteligencia artificial, computación en la nube, la economía compartida, la robótica,

PBI REAL PER CÁPITA EN **UK**

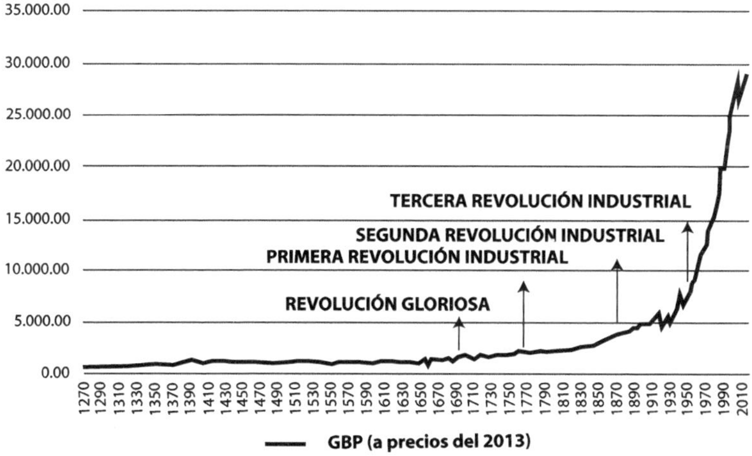

Porcentaje de la población mundial que vive en pobreza extrema (1820 - 2015 en miles de millones)

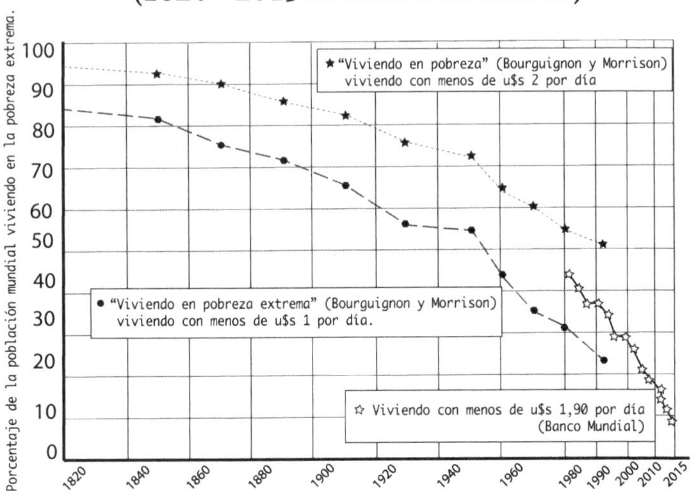

impresión 3D, internet de las cosas y una fusión cada vez mayor entre los mundos digitales, biológicos y físicos. Durante este periodo la innovación superó la capacidad de adaptación del humano a la tecnología, por lo que ya no obtenemos un máximo provecho de ella.

Una característica de las revoluciones industriales es que el despliegue de las nuevas tecnologías no es inmediato. Tras ellas hay un periodo de masificación y eficientización, luego del cual una nueva revolución tiene que impulsar el nuevo ciclo de desarrollo para evitar el estancamiento de la productividad. La Primera Revolución Industrial terminó en 1840, pero no fue hasta finales de ese siglo que se generalizó el uso de la locomotora a vapor. La Segunda terminó en 1914, y recién en 1925 la mitad de los norteamericanos tenían electricidad en sus casas.[14] La Tercera Revolución Industrial concluyó alrededor del año 2010, y desde ese momento estamos en la etapa de masificación y eficientización de los desarrollos de su segunda fase. La facilidad de los *Millennials y Pandemials* de incorporar rápidamente nuevas tecnologías acelera este proceso. Todas estas revoluciones trajeron consigo una fuerte reducción de la pobreza.

Voy a detenerme en tres tecnologías de la Tercera Revolución Industrial, que tendrán un profundo impacto, y se encuentran en la etapa de optimización y masificación.

Autos autónomos

En los próximos años Uber, Tesla, BMW, Amazon, Daimler, Ford, GM Cruise, van a tener sus flotas de autos y camiones autónomos circulando por las principales ciudades del planeta. Las personas podrán vivir más lejos del centro de las ciudades, se reducirán los tiempos de viaje gracias a una más eficiente organización de la circulación, y se prevé que las muertes por accidentes de tránsito podrán reducirse hasta en un 94%.[15] Un informe de la consultora Mckinsey estima que en los Estados Unidos la total automatización de la industria de camiones podría reducir su costo en un 45%, con lo que se generaría un ahorro en gastos de transporte de carga de entre 85.000 y 125.000 millones de dólares anuales. El informe estima que en total los costos logísticos de la economía caerán en un 40%.[16] El impacto podría ser enorme dado que los mismos representan el 8% del PBI norteamericano.[17] Por el lado del empleo, un informe de Goldman Sachs estima que los autos autónomos supondrán el 20% de las ventas de vehículos entre 2025 y 2030, y que se podrían perder unos 300.000 empleos por año entre los trabajadores del transporte.[18]

Hyperloop

Otra gran tecnología que cambiará las ecuaciones del transporte es el Hyperloop, conjuntamente con los trenes de levitación magnética. El Hyperloop es un sistema de tubos sellados con baja presión de aire, a través del cual una cápsula puede viajar libre de la resistencia del aire o fricción. Puede transportar personas y objetos a velocidades hipersónicas muy superiores a los aviones de línea, al mismo tiempo que es muy eficiente energéticamente. Elon Musk fue el primero en apoyar este concepto con sus empresas Tesla y SpaceX. Actualmente hay proyectos en estudio en los países nórdicos, California, Missouri, Dubái, Rusia e India.

Estos tubos de baja presión, junto con los trenes de levitación magnética que ya existen en algunos países, sin duda revolucionarán la forma en que nos movemos. Permitirán reducir fuertemente los tiempos de viaje, las emisiones de CO_2 y cambiar la geografía de nuestras ciudades. Una persona que vive a 300 kilómetros de su trabajo podrá estar en su oficina en solo 12 minutos. Los eficientes sistemas de levitación magnética permitirán incorporar muchas cápsulas a las vías, generando un fluido sistema de interconexión. Y por qué no imaginar un futuro con todo el planeta unido por túneles construidos por excavadoras automáticas, que vayan por debajo de los océanos, uniendo todas las ciudades del mundo y reduciendo el uso de los aviones a su mínima expresión.

Granjas verticales

Una tercera tecnología cambiará las reglas del juego en el sector alimentación. Las granjas verticales son un método para hacer crecer plantas y cultivos en estructuras de varios pisos con paredes de vidrio similares a los invernaderos. Se espera que su uso aumente fuertemente en los próximos años por el crecimiento de la población, la menor disponibilidad de tierra cultivable, y la creciente demanda de alimentos libres de agrotóxicos.

La ciudad-Estado de Singapur es uno de las zonas más densamente pobladas del planeta. La mayor parte de su escaso territorio está destinado a espacios verdes, residencias y distritos comerciales.[19] Menos del 1% de la superficie está ocupada por granjas, las cuales fueron desapareciendo en la década de los 70 y 80. Como consecuencia, Singapur importa más del 90% de los alimentos que consume, lo que la pone en una situación de vulnerabilidad frente a crisis globales o climáticas que puedan afectar su suministro. Para enfrentar esta situación el gobierno apuesta fuerte a este sistema, y tiene como objetivo elaborar el 30% de sus alimentos para el año 2030. La tecnología no es barata pero permite producir entre 10 y 15 veces más por metro cuadrado que las granjas tradicionales.[20]

Bajo esta modalidad la agricultura requiere un área menor de tierra, y el agua puede ser reciclada y usada nuevamente. Incluso algunos cultivos crecen con minerales y no necesitan tierra (hidroponia); además, muchos de ellos pueden ser cosechados varias veces al año. Todo esto en contraposición con las granjas tradicionales donde el 30% de lo producido se desperdicia porque se estropea durante el transporte, se infecta con bacterias u otros motivos.[21] Las granjas verticales se localizan directamente en los lugares donde se necesitan los alimentos, cerca de los consumidores, reduciendo la huella de carbono, desperdicios y gastos de transporte. No han tenido un mayor desarrollo por el alto costo energético, ya que la climatización y la luz artificial consumen mucha energía. Esto hace que los productos de las granjas verticales sean de altísima calidad pero todavía muy costosos.

Esto podría cambiar con la energía barata y la robotización. Veremos granjas verticales de 50, 100 o 150 pisos de aspecto futurista, operadas casi en su totalidad por robots, produciendo alimentos de calidad y a bajo costo. Se podrían liberar millones de kilómetros cuadrados que se destinan a la agricultura, reduciendo la deforestación, la destrucción de ecosistemas, y permitiendo el regreso de animales a su hábitat natural.[22]

Estas y otras tecnologías en desarrollo tendrán un impacto muy positivo en la humanidad. No estamos hablando de nuevos inventos, sino simplemente de la masificación de tecnologías ya existentes. Mejorarán la calidad de vida, la movilidad y la alimentación. Se perderán empleos y se generan otros nuevos de la mano de una mayor productividad y un mayor ingreso disponible. Estos adelantos de la tercera revolución industrial, podrían masificarse y perfeccionarse aún más gracias a los avances que veremos en la Cuarta Revolución.

La Revolución Cuántica (la cuarta revolución industrial)

Así como a un granjero de Missouri que vivía sin electricidad en 1925, le resultaría inconcebible pensar que 44 años más tarde los Estados Unidos pondrían un hombre en la Luna, a las personas de esta década nos cuesta imaginar lo que probablemente veamos en 50 años.

La Cuarta Revolución Industrial será profundamente transformadora. Implicará una transformación energética no vista desde la llegada de la electricidad, una capacidad de análisis de datos millones de veces superior a la actual, y la posibilidad de simular procesos de forma virtual con un altísimo grado de exactitud, que luego podrán ser replicados en el mundo real. Veremos una amplificación del potencial humano a niveles inimaginables.

Nuevas fuentes de energía, nuevas formas de propulsión, campos magnéticos, escaneos celulares y tecnologías que desafían las leyes de la física. Esta revolución será la de la energía ilimitada y gratuita, la de las computadoras cuánticas, la de personas que vivan 110 años, la de la robotización masiva, los ciborg y –por qué no– los viajes espaciales y la interacción con especies de otros mundos.

La base de la Tercera Revolución fue el microchip; la base de la cuarta será lo “cuántico”. El nuevo ciclo comenzará en los próximos años con las computadoras cuánticas, funcionando en conjunto con la inteligencia artificial, y utilizando la enorme cantidad de Big Data de un mundo conectado a internet de las cosas, donde todos los dispositivos y estructuras recolecten datos mediante internet, que será provista directamente desde satélites o globos a gran altitud. SpaceX, Google y otras empresas ya están trabajando en esta infraestructura.

La competencia entre los gobiernos por quien domina primero estas tecnologías será muy fuerte. Estados Unidos y China estarán a la cabeza de esta competencia, y buscarán tener todas las cadenas de suministros para desarrollarlas dentro de sus respectivos países. La protección de estas empresas y sus secretos tecnológicos será una política de Estado tan importante como lo fue durante la Guerra Fría.

Habrá furor en los mercados bursátiles en relación a las empresas que lideren el desarrollo de estas tecnologías, y un contexto de bajas tasas de interés y altos niveles de ahorro facilitará las inversiones y expansión de esta revolución.

Este nuevo ciclo tecnológico empezará entre mediados de la década de 2030 y fines de la de 2040. Dependiendo de la importancia que le den los gobiernos a la inversión en ciencia, el ciclo comenzará unos años antes o unos más tarde. Pero inevitablemente sucederá. Será un boom económico por las importantes inversiones que demandará tanto a los gobiernos como al sector privado para desarrollar nuevos productos y servicios (hoy considerados increíbles), sobre la base del entrecruzamiento de las novísimas tecnologías. Implicará nuevos retos en términos de reconversión laboral y disparidades salariales, lo que requerirá políticas activas para reducir la inequidad. Por primera vez en la historia será necesario que solo trabaje una parte de la población para mantener el nivel de vida del conjunto, lo cual impone un desafío desde el punto de vista de la redistribución del ingreso y los impuestos. Podemos ir por el lado de la renta universal, el cual a mi juicio es un desperdicio del potencial humano; o podemos pensar en una sociedad que use toda su capacidad en áreas como la ciencia, la educación, el medio ambiente, las artes y otras tantas actividades que podrían demandar mucho más empleo.

En la década de 1960 se imaginaba que para el año 2000 habría autos voladores y viajes por el espacio. En ese momento no se sabía que para lograr esta Cuarta Revolución Industrial primero era necesaria la segunda fase de la Tercera, que se basa en dos tecnologías: la inteligencia artificial y el Big Data. Sin todos los avances de la Tercera Revolución Industrial, la Cuarta no sería posible. Alcanzar esta nueva era requiere que los gobiernos vuelvan a trabajar con las universidades y el sector privado como lo hicieron durante la Guerra Fría. Se precisarán billones de dólares y millones de nuevos profesionales –en carreras vinculadas a la ciencia, la informática y la ingeniería– para desarrollarla.

A continuación, voy a describir dos tecnologías de la Cuarta Revolución Industrial que están en un grado avanzado de desarrollo y podrían estar disponibles en los próximos años.

Computadoras cuánticas

A fines de 2019 un grupo de científicos encabezados por John Martinis, de la Universidad de California, utilizó un procesador cuántico de Google para resolver un problema complejo. La computadora cuántica completó en 200 segundos lo que hubiera tomado más de 10.000 años a la supercomputadora clásica más potente.[23] Esta tecnología junto con la inteligencia artificial constituyen la base del nuevo ciclo, porque de ahí proviene el poder de simulación de procesos necesarios para desarrollar otras innovaciones revolucionarias.

Las computadoras cuánticas se encuentran en etapa de desarrollo y son 1,5 billones de veces más poderosas que las tradicionales. Las computadoras actuales se basan en el uso de bits (valores de 0 y 1), mientras que las del futuro se basan en cubits, sistemas cuánticos con estados propios que pueden ser manipulados arbitrariamente, y almacenan información usando partículas subatómicas. Las partículas cuánticas pueden existir en una "superposición" de dos estados diferentes al mismo tiempo, y separarse por años luz y a la vez seguir vinculadas.

Las computadoras cuánticas tendrán una capacidad muy superior para simular procesos de la física y de la química. Producirán importantes avances en el desarrollo de medicinas y nuevos materiales. En enero de 2016 un grupo de físicos australianos usó una computadora cuántica rudimentaria para simular la creación de antimateria, algo que las clásicas no pueden realizar.[24] También tendrán una enorme capacidad para predecir fenómenos climáticos, en una forma y con una anticipación que las computadoras actuales no pueden lograr.

Los gobiernos han invertido miles de millones de dólares para la investigación de la tecnología cuántica y empresas como Google y Microsoft lideran su desarrollo desde el sector privado. A ellos se suman fondos venture capital que compiten por el desarrollo de aplicaciones prácticas.

Se espera que las computadoras cuánticas comiencen a mejorar los sistemas de inteligencia artificial en menos de 5 años.[25] Su poder aplicado a resolver problemas mediante el uso de inteligencia artificial es infinito. Debido a que los algoritmos de inteligencia artificial se retroalimentan en base a la experiencia, podrían abordar cuestiones cada vez más complejas. Su impacto en la ciencia, la economía, y todo tipo de procesos será muy importante en las próximas décadas.

Fusión nuclear

En el pequeño pueblo francés de Saint-Paul-lès-Durance se levanta el proyecto más ambicioso de fusión nuclear que jamás haya existido. La fusión nuclear es la reacción que provee de energía al sol y a todas las estrellas. Es una potencial fuente de energía segura, sin emisiones e ilimitada que podría suministrar energía a un costo muy bajo a todos los habitantes de la Tierra.

El ITER (*International Thermonuclear Experimental Reactor*) es una iniciativa de colaboración entre 35 naciones que busca replicar la fusión nuclear que sucede dentro del sol.[26] Tiene como objetivo dar el paso entre la investigación y el futuro desarrollo de una planta energética basada en esa tecnología. De tener éxito se podrá usar este método no contaminante para producir cantidades ilimitadas de energía.

El corazón del proyecto es Tokamak, una cámara magnética donde las partículas se calientan a temperaturas de alrededor de 150 millones de grados y se aceleran a velocidades supersónicas antes de chocar entre sí para crear energía de fusión. La construcción del ITER comenzó en 2013 y en diciembre de 2019 concluyó la obra civil. Se espera que el reactor, que se encuentra construido en más de un 65% y tendrá un costo de 22.000 millones de dólares, esté terminado en 2025 y permita iniciar las investigaciones.

Adicionalmente hay varias empresas privadas invirtiendo en el desarrollo de reactores de fusión. Dos laboratorios de Oxfordshire, Tokamak Energy y First Light Fusión, están trabajando en equipos que podrían estar listos para comercializarse en el 2030.[27]

Esta energía producirá un fuerte crecimiento de la economía, reduciendo drásticamente las emisiones de CO_2 y marcando el principio del fin del calentamiento global. Las empresas, al experimentar una importante baja de sus costos de energía, podrán reducir el precio de todo tipo de bienes y servicios. Los consumidores verán un aumento de sus ingresos reales como consecuencia de los menores precios que pagan por lo que consumen, lo que incluye una disminución de sus gastos en electricidad y combustible. En este contexto, actividades económicas que no son rentables por su alto costo energético –como las granjas verticales, la desalinización de agua y la captura de carbono– podrían masificarse.[28]

La próxima frontera: una nueva Era Espacial

El sábado 30 de mayo del 2020, Estados Unidos inició una nueva era de los viajes espaciales, con el lanzamiento de una misión tripulada a la órbita terrestre por parte de una empresa privada, casi una década después del retiro de los viejos transbordadores espaciales. En momentos en que el Covid-19 hacía estragos en la economía global, y cientos de millones de personas permanecían encerradas en sus casas, la operación fue un recordatorio de la superioridad norteamericana en ciencia, innovación tecnológica y emprendimientos privados.

Desde el Kennedy Space Center en Florida, dos astronautas en un cohete Falcon 9 de la empresa SpaceX despegaron con destino a la Estación Espacial Internacional. A los pocos minutos la nave ya se encontraba en la órbita terrestre y su primera fase regresó y aterrizó de forma vertical en una plataforma en el océano.

Este lanzamiento mostró nuevamente el poder de colaboración entre el sector privado y el gobierno. En el marco del *Commercial Crew Program* la NASA otorgó a SpaceX alrededor de 3.100 millones de dólares y a Boeing 4.800 millones para el desarrollo de este programa. La agencia estima haber ahorrado entre 20.000 y 30.000 millones de dólares respecto a lo que le hubiera costado realizar este proyecto por sí sola.[29] SpaceX planea colocar una persona en Marte en el 2024 con un gasto estimado de 10.000 millones de dólares,[30] lo que representa un 7% del costo total del Programa Apolo que permitió poner un hombre en la Luna.[31]

Este esquema de colaboración es el camino de eficiencia en costos que debería ser adoptado para refundar la actividad espacial. Al sumar la fuerza de las empresas privadas, las instituciones liberales y la financiación del gobierno, los resultados son rápidos e impresionantes. Esta nueva era espacial será impulsada por computadoras cuánticas, motores a fusión nuclear, nuevos desarrollos en campos magnéticos y descubrimientos que hoy se nos hace difícil imaginar. La primera etapa será la colonización del sistema solar; la segunda, la de la galaxia.

Varias empresas están trabajando sobre modelos teóricos para producir reactores pequeños de fusión nuclear que podrían llevarnos a Marte en 30 días, y esto sería solo el comienzo.[32] Una vez que los humanos alcancemos el planeta rojo y podamos hacer expediciones dentro del sistema solar con frecuencia, vendrán nuevas tecnologías de propulsión aún más potentes, que nos permitirían viajar a varias veces la velocidad de la luz y empezar a soñar con la exploración de la galaxia. Tras conquistar nuestro sistema solar inevitablemente el próximo objetivo será Alfa Centauri (el sistema estelar más cercano a la Tierra) que se encuentra a 4 años luz,[33] pero es imposible de alcanzar con los medios de propulsión actuales.

Alcanzar otros sistemas solares, encontrar planetas habitables y otras formas de vida podría tomarnos cientos de años; pero los humanos somos exploradores por naturaleza y nunca debemos dejar de intentarlo. Esta búsqueda producirá importantes avances tecnológicos, nuevas formas de propulsión, materiales más resistentes, la comprensión de los campos magnéticos y de otras áreas relacionadas con la actividad espacial. En algún lugar entre todos estos adelantos, puede que esté el camino a la Quinta Revolución Industrial, que ocurrirá en el próximo siglo y podría estar basada en los viajes intergalácticos como los de las películas de ciencia ficción.

Conclusión

Desde los primeros días de la humanidad el avance tecnológico nos ayudó a que haya menos pobres, a poder alimentarnos adecuadamente, a mantener nuestra buena salud y a viajar a lugares lejanos. Fue un círculo virtuoso de muchos milenios. El gran problema de la Tercera Revolución Industrial es que este virtuosismo se puso en riesgo por nuestra incapacidad de conciliar el progreso tecnológico con el medio ambiente y la economía, así como con nuestra salud física y mental. Estamos en una etapa en la cual la tecnología ya no garantiza que seamos más felices y más prósperos como sociedad, porque en muchos casos le damos usos erróneos y excesivos. Todo parece indicar que la Cuarta Revolución Industrial marcará una reconciliación entre la tecnología y el medio ambiente, pero no hay indicadores claros de que vaya a suceder lo mismo con la economía y con nuestros cuerpos y mentes.

Esta nueva etapa tecnológica no estará exenta de riesgos bélicos, pero los mismos serán menos violentos. Todavía no tuvimos un *ciber-Hiroshima* o un *ciber-Pearl Harbor*.[34] Lo que hemos visto hasta el momento no es nada comparado con lo que podría ser un ataque cibernético que derribara los mercados globales, o los sistemas de energía y comunicaciones de un país entero.

La fuerza tecnológica necesita funcionar dentro de un ecosistema de políticas públicas que permita utilizar todo su potencial para el desarrollo de los ciclos humanos. En relación a nuestros cuerpos y mentes, la cuestión tecnológica será central en el *Ciclo del Espíritu Humano* sobre el que hablaremos en el próximo capítulo. En reconstruir el círculo virtuoso entre tecnología y humanidad está la clave para liberar todo el potencial humano y poder ser una sociedad próspera, sustentable y feliz.

EL CICLO DEL ESPÍRITU HUMANO

"Los rituales dan estabilidad a la vida"
Byung-Chul Han[1]

Los ciclos del espíritu humano son mucho más largos que los de la inequidad o los tecnológicos. En el ciclo anterior que finalizó durante la década de 1970, la vida de las personas estaba organizada en función de tres importantes grupos de pertenencia: la religión, la familia y el trabajo. Tres instituciones que nos acompañan desde la revolución agraria, daban un sentido de pertenencia, y nos mantenían alejados de la soledad. Las personas se casaban y tenían hijos a una edad temprana, era altamente probable que mantuvieran toda su vida el mismo trabajo; la familia tenía un rol muy importante y sus miembros se reunían más seguido. La religión ocupaba un lugar central: la compañía de Dios, se creía, amortiguaba la soledad. El sentimiento de patria tenía más peso, y durante gran parte del siglo XX el hecho de que la sociedad fuera más igualitaria reducía la sensación de exclusión.

Todas estas instituciones y creencias comenzaron a derrumbarse en los años 70. La familia, a causa de la mayor tasa de divorcios y la menor cantidad de hijos; el trabajo, por el aumento de la movilidad laboral y el crecimiento de los trabajos free lance; la religión, por su escasa atracción sobre los jóvenes; el nacionalismo, por la globalización. Y el quiebre de la meritocracia enfermó la esperanza. Junto con el auge del *screen time*, por el que las personas reemplazan tiempo con amigos y familia por tiempo con sus dispositivos, y las dificultades de adaptación a este nuevo contexto se viene produciendo un creciente y alarmante aumento de los casos de depresión, ansiedad, consumo de antidepresivos y de personas que dicen sentirse frustradas, inseguras y solas. Desde el principio del milenio se habla de la existencia de una verdadera Epidemia de Soledad.

La sociedad moderna se parece cada vez más a lo planteado en Aldous Huxley en su libro *Un mundo feliz*, publicado en 1932, donde las personas se mantenían felices gracias a que tomaban una pastilla diaria llamada "Soma". El mundo actual consume como nunca antes antidepresivos, ansiolíticos e infinidad de horas de terapia. La sociedad vive "lobotomizadamente" feliz. El "Soma" de nuestros días son el clonazepam, las drogas benzodiacepinas, Netflix y el instantaneísmo digital.

Hay una importante correlación entre la sensación de soledad, de frustración, el exceso de redes sociales, la inseguridad, la inequidad y la depresión. Más de 300 millones de personas sufren de depresión en el mundo, lo que significa un aumento del 18% entre 2005 y 2015. Adicionalmente, 260 millones de personas manifiestan trastornos de ansiedad. Muchos viven con ambos padecimientos. Según la Organización Mundial de la Salud (OMS) los desórdenes de salud mental cuestan a la economía global un billón de dólares anuales en productividad perdida, y la depresión es la principal causa de mala salud e incapacidad.[2] Entre 2013 y 2016 en los Estados Unidos los diagnósticos de depresión han subido un 33%. Según Blue Cross Blue Shield (BCBS) lo han hecho aún más rápido entre los *Millennials* (47%) y las mujeres (65%).[3]

Relacionado con el aumento de la depresión y la ansiedad está el estrés, la enfermedad de los tiempos modernos. La rapidez de los cambios producto de la automatización y la globalización hacen que mucha gente tema perder sus trabajos, y viva en un estado de intranquilidad permanente. El encarecimiento de la canasta de la meritocracia agrava este problema: cada vez más personas viven angustiadas por no poder acceder a una vivienda de calidad ni a la educación universitaria, la tradicional puerta de acceso a la movilidad social.

Durante las décadas de 1960 y 1970 las personas vivían mas tranquilas. Tenían trabajos estables, y podían estar en una misma empresa toda la vida; las propiedades y la educación eran más baratas. No tenían que cargar con elevados niveles de deuda; y el hecho de haber menos opciones, simplificaba las elecciones. Hoy estamos abrumados por el exceso de opciones. Por ejemplo, hasta los años 70, la gente vacacionaba en los mismos lugares dentro de su propio país, los viajes al exterior constituían un privilegio para muy pocos. Las marcas y la oferta de productos de consumo y de entretenimiento eran menores, muchos jóvenes compartían los mismos gustos. Era un mundo más simple, menos competitivo, más igualitario, con más oportunidades de crecimiento y menos presiones que el actual. Ese contexto generaba mentes más saludables que las actuales.

La epidemia de la soledad

En enero de 2018 la primera ministra británica Theresa May sorprendió al mundo con la creación del Ministerio de la Soledad con el objetivo de "atacar esta triste realidad de la vida moderna".[4] En ese país el 25% de las personas menores de 34 años suelen sentirse solas; el número es considerablemente más alto entre los que menos ganan, los solteros, los desocupados y los que adolecen de mala salud.[5] Muchos jóvenes experimentan sensación de soledad aun cuando tienen muchos amigos. Esto está relacionado con el desasosiego de la vida moderna, con la incertidumbre y con la instantaneidad de las redes sociales que genera un estado de ansiedad crónica.

En los Estados Unidos el estrés, la depresión y el abuso de drogas están generando un fuerte aumento de las muertes entre los ciudadanos de ingresos medios. Los economistas Anne Case y Angus Deaton (ganador del Premio Nobel) escribieron un famoso libro llamado *Deaths of despair.* En el mismo analizan el fenómeno de la cantidad creciente de estadounidenses de clase media que muere a causa de suicidios, drogas y abuso de alcohol. La tasa de mortalidad de americanos blancos sin título universitario viene aumentando sostenidamente desde principios de la década de 1990.[6] Otro claro ejemplo de la desintegración del tejido social es que entre los estadounidenses de entre 25 y 55 años, solo el 29% de aquéllos de ingresos bajos están casados, en comparación con 77% de los de ingresos altos que sí lo están.[7] Los individuos mejor educados y con mayores ingresos comenzaron a casarse entre ellos en una proporción mayor a la de sus antepasados, rompiendo un instrumento de movilidad social que hasta ese momento había sido relevante.

Harvard Study of Adult Development es el estudio más largo sobre la felicidad humana que se ha realizado. Se inició sobre estudiantes de Harvard en 1938, a quienes luego se sumaron habitantes de bajos recursos de Boston. Dentro de esos grupos hubo personas que llegaron a la presidencia, y otras que vivieron toda su vida en la pobreza; hubo quienes llevaron vidas sanas y quienes padecieron de mala salud. Y el estudio continúa hasta el día de hoy. La conclusión a la que arribaron los investigadores es que las personas más felices no son aquéllas que tienen más dinero, más poder o éxito profesional, sino las que tienen buenas relaciones. No solo las buenas relaciones las hacen más felices, también las vuelve más sanas física y mentalmente.[8]

En los Estados Unidos el 50% de las comidas se consumen a solas, y los más jóvenes pasan menos tiempo con amigos que cualquier otra generación en la historia reciente.[9] Entre 2003 y 2017 el tiempo promedio que los norteamericanos dedicaron a socializar bajó de 46 a 39 minutos diarios.[10] Disfrutar de momentos a solas es bueno: fomenta la creatividad, el contacto consigo mismo, la espiritualidad, permite relajarnos y descansar, pero todo tiene un límite. La cantidad de tiempo en soledad que pasan las personas parece ser excesivo. ¿De qué nos acordaremos cuando seamos viejos, de los encuentros con amigos o de las series de Netflix y los memes de WhatsApp?

Nos toca vivir un periodo de transición. Junto con el debilitamiento de las instituciones del ciclo anterior se dio la aparición de las redes sociales. Estos espacios virtuales mantienen ocupada a la gente en sus comunidades digitales, y eso quita tiempo valioso que podría ser utilizado en socialización real. También retrasan el surgimiento de las instituciones o las nuevas modalidades de relacionamiento definitivas del próximo ciclo.

En algún momento de los próximos años los humanos inevitablemente tendremos una relación más natural y menos profunda con las redes. En esta etapa todavía son el "juguete nuevo" y la forma en que muchos se refugiaron frente a la desintegración de los grupos de pertenencia y las comunidades. Pasaron solo 13 años desde que Facebook se abrió al público general en el 2007, y desde que Apple lanzó el primer smartphone. A principios de la década de 2030, a medida que la sociedad madure, comenzará a cambiar nuestro apego con las redes. Como todo modelo que se gasta, dejará de ser cool estar tan conectado, dejará de ser cool exponerse tanto, e iremos hacia un nuevo periodo de menor ansiedad, más asociado a los vínculos reales y nuestra esencia. Expectativas al margen, estos procesos tomarán tiempo, y requerirán el afianzamiento de ciertos ritos y la creación de otros nuevos. Ya se comienzan a ver un número pequeño pero creciente de personas que deciden abandonar o limitar el uso de sus redes.

En el próximo ciclo se consolidarán nuevos modelos de estructuras sociales y de relacionamiento entre los individuos. Será más común que las personas tengan parejas de diferentes sexos a lo largo de sus vidas, y que haya más parejas con relaciones abiertas. Los vínculos familiares seguirán siendo importantes, pero los amigos cada vez más ocuparán un lugar similar al de la familia. Se difundirán nuevos modos de vida comunitaria como el co-living, co-housing, co-working, co-moving y formatos similares. Será un desafío a las leyes de la biología, según las cuales la principal función de los humanos es asegurar una pareja, la reproducción y el cuidado de la descendencia.

Veremos nuevos rituales. Así como en el ciclo anterior teníamos las tradiciones de celebrar (los cumpleaños, los aniversarios, cenar con amigos), en este nuevo ciclo surgirán nuevas formas de socialización que aún no conocemos y complementarán –y en algunos casos remplazarán– las actuales. El amor, la alegría, la tristeza, la melancolía son emociones y sentimientos que seguirán existiendo, pero los viviremos y expresaremos bajo nuevos formatos y rituales.

Continuaremos viendo una transición de la espiritualidad, la cual está migrando de la práctica religiosa comunitaria, a actividades en el ambiente privado como meditaciones guiadas y retiros espirituales. Con el debilitamiento de las redes sociales, en la próxima década este proceso se intensificará. Más y más personas tendrán creencias esotéricas de búsqueda personal no regidas por ningún tipo de estructura ni dogma. Los humanos siempre necesitamos creer en algo, y esta fase de apertura hacia formas alternativas de espiritualidad es simplemente un periodo de transición entre ciclos que facilitará la aparición de nuevos credos.

A principios de la próxima década, junto con el nuevo ciclo de reducción de inequidad, es probable que veamos una reconstrucción de las clases medias y una reducción del miedo al desempleo y la pobreza, lo que podría mitigar nuestros instintos darwinianos de acumulación de dinero y poder. Esto permitirá que más jóvenes se sumen a la corriente altruista que se observa principalmente entre los *Millennials* de buena situación económica.

Screen Time

Hace casi 40 años, Gilles Lipovetsky advirtió que estábamos iniciando la era del vacío, marcada por el postmodernismo, donde el individuo es el rey y está dedicado al self-service narcisista. En esta era las personas compiten por la foto más "instagrameable" y por la cantidad de likes. Dejamos de observar el mundo a través los ojos para hacerlo a través de la lente del celular. Todo pasa por el filtro de las redes sociales, donde todo debe parecer perfecto y feliz. Para ello, se utilizan todo tipo de recursos de edición sobre las fotografías.

Muchos están dejando de vivir el aquí y el ahora, y nuestros smartphones, en gran parte, son responsables de ello. Cuando vamos a un recital, ¿cuántos son los que priorizan grabar el momento en sus retinas y cuántos los que lo hacen con el celular? Cuando estamos cenando con amigos, ¿cuánto tiempo de ese valioso momento disfrutamos con ellos y cuánto con nuestros teléfonos? ¿Es posible estar compenetrados en una conversación si cada dos minutos se mira el teléfono?

El problema es doble: no solamente se está reemplazando tiempo físico con amigos por tiempo "virtual" sino que, adicionalmente, el escaso contacto presencial que tenemos con ellos está contaminado por el uso constante de nuestros smartphones. Estos aparatos son una prolongación de nuestro cuerpo y están generando una identidad digital que puede variar mucho en relación a la verdadera esencia de cada individuo.

Por su parte, la vida en las redes parece perfecta, está llena de buenos momentos, de viajes con amigos, de platos saludables, de deporte y de paisajes increíbles. Pero detrás de todo eso hay personas con alegrías y tristezas, con miedos e ilusiones, y con una personalidad seguramente mucho más compleja que lo que las redes pueden asimilar. Esta necesidad de la exhibición y de intercambio permanente con nuestros seguidores provoca que cuando todo eso se apaga, florezcan sentimientos de soledad e inconformismo permanente.

En junio del 2018 Apple anunció la introducción de una nueva aplicación en su sistema operativo iOS 12, llamada screen time. Este simple software nos indica cuanto tiempo utilizamos el teléfono, así como también el tiempo de uso por aplicación. Para muchos fue una sorpresa descubrir la cantidad de horas diarias que pasan ante esos dispositivos. En promedio los usuarios de IPhone los usan 3 horas y media al día, llegando a las 4 horas y media entre el 20% que más los utiliza.[11] Esto representa entre el 22% y el 28% del tiempo que una persona permanece despierta diariamente. El promedio en redes sociales es de 2 horas y media diarias,[12] y el promedio frente al televisor en los Estados Unidos alcanza las 4 horas y media.[13]

En un mundo convulsionado por la inequidad, las redes sociales amplifican la percepción de esta realidad. En la década de 1960 una persona acaudalada podía estar en su yate en la Costa Amalfitana con su grupo de amigos disfrutando del buen vino, el sol y la playa, y pasar inadvertido para la mayoría. Hoy, si alguien de ese grupo subiera las fotos del yate a sus redes sociales, estas se replican en miles de pantallas. Y lo mismo sucede a escala más pequeña: las personas exhiben sus riquezas y experiencias exclusivas generando ansiedad en quienes las ven. El problema de las redes sociales es que solo muestran vivencias positivas, crean la ilusión de que el que comparte esas fotos e historias vive en un mundo perfecto sin angustias ni temores.

Depresión digital

Según un estudio de Johns Hopkins University Bloomberg School of Public Health, los jóvenes que pasan más de 3 horas al día en las redes sociales son más susceptibles a la depresión, la ansiedad y otras enfermedades, y tienen una mayor tendencia a internalizar sentimientos negativos sobre sí mismos.[14] Así como el cigarrillo, el alcohol o el abuso de azúcar producen efectos negativos sobre la salud física, el exceso de redes sociales produce efectos negativos sobre nuestra salud mental, que deriva en un deterioro de nuestro cuerpo. Ahora bien, a diferencia de los límites sobre el consumo de alcohol, el tabaco, o las sustancias que generan adicción, restringir las redes sociales podría configurar un ataque a la libertad de expresión y al derecho a la información, lo cual hace aún más complicado su regulación.

Según un artículo publicado por la Universidad de Harvard en 2018,[15] las redes sociales y el feedback inmediato de likes y comentarios producen dopamina, una sustancia altamente adictiva. Durante una conferencia frente a estudiantes de Stanford en 2017, el ex vicepresidente de crecimiento de usuarios en Facebook Chamath Palihapitiya afirmó: "los circuitos de *feedback* instantáneo de corto plazo impulsados por la dopamina que estamos creando, están destruyendo el funcionamiento de la sociedad".[16] El exceso de redes es claramente adictivo y está provocando depresión e infelicidad.

El debilitamiento de las comunidades

El sociólogo e historiador Zygmunt Bauman sostenía que las comunidades sólidas no pueden ser reemplazadas por las redes sociales.[17] En las comunidades las personas confían entre ellas, la confianza se traduce en colaboración, en lazos de amistad, en contención emocional más fuerte. Cumplen un rol muy importante en nuestras vidas, nos dan un sentido de pertenencia y nos hacen más felices. Nuestro barrio, nuestro grupo de amigos, nuestro trabajo, el colegio al que fuimos de chicos, los deportes que practicamos, el equipo de fútbol del que somos miembros, o la iglesia a la que concurrimos: todos constituyen una comunidad. Ser parte de ellas nos permite hacer amigos, conocer gente nueva, compartir experiencias, ayudar a otros y ser ayudados y, sobre todo, generar confianza estrechando los vínculos interpersonales.

Integrar estas comunidades nos sirve no solamente para conectar con nuestros semejantes, también para alcanzar objetivos comunes y para sentirnos acompañados y seguros. En un mundo donde la tecnología nos sumerge en vínculos virtuales y donde las personas cada vez se sienten más solas, las comunidades brindan lazos reales. Nos permiten compartir diversos tipos de momentos, agradables o no, con los demás.

El deterioro de la vida comunitaria provino de la segregación producto de la inequidad y los altos precios de las viviendas, de la delincuencia que reduce la confianza entre las personas, del creciente individualismo que comenzó en la década del 80, del encierro en mundos digitales y del hecho de no dedicar tiempo a la construcción de los vínculos sociales.

Junto con el debilitamiento de las comunidades hay un recambio en los valores, somos una sociedad más abierta, más pluralista y que rechaza los extremos, lo cual es muy positivo. Pero, por otro lado, los viejos valores del honor y la palabra van quedando atrás. Hace un siglo la gente llegaba al punto de suicidarse o batirse a duelo por cuestiones de honor. La palabra era un compromiso inquebrantable. En cambio, hoy todo debe quedar por escrito y chequeado por un abogado para garantizar de que nadie falte a la verdad. Esta degradación de la confianza entre los humanos crece proporcionalmente al debilitamiento de las comunidades y al aumento de la complejidad del mundo.

La Era de Acuario

En este periodo de transición de los ciclos todo emerge, todo se destapa. El desmoronamiento de las viejas estructuras abre paso a la verdad. Las personas que mantenían oculta su orientación sexual comenzaron a vivirla con naturalidad, los matrimonios que se llevaban mal pudieron divorciarse con menos culpa e idea de fracaso, el abuso sexual y la violencia de género salieron a la luz. Los astrólogos relacionan estas "aperturas" con la Era de

Acuario en la cual todo se revela y se transforma. La tecnología impulsa fuertemente este proceso: con un smartphone en las manos de casi todas las personas del planeta, los autoritarios, los violentos, y los corruptos están más expuestos que nunca.

Los *Millennials* son la generación que creció con los valores de pluralidad, de aceptación y de condena a los actos violentos socialmente aceptados. Fueron los *Millennials* los que encabezaron movimientos como #Me too, de los derechos LGTB, la lucha contra el cambio climático, y acciones contra la inequidad como *Occupy Wall Street*. Hoy son los *Pandemials* con quienes comparten estas y otras nuevas causas por las cuales luchar.

El próximo ciclo del espíritu humano

En su definición del concepto de altruismo efectivo, el filósofo australiano Peter Singer explica que "se trata de encontrar las formas más efectivas de mejorar el mundo. Mejorar el mundo implica a todas las personas que lo habitan, no solo a las de nuestro propio país o comunidad. Y tampoco se trata solo de humanos, sino también de estar preocupados por el bienestar de todas las criaturas capaces de sentir dolor o disfrutar de sus vidas. Entonces, el altruismo efectivo consiste en intentar lograrlo, convirtiéndolo en uno de los objetivos de la vida, y tratar de hacerlo por los medios más efectivos disponibles."[18]

Los nuevos ciclos de la inequidad y la tecnología, junto con la naturalización de las redes sociales y la consolidación de nuevas estructuras sociales, ayudarán a crear un ambiente propicio para el espíritu humano. La cuestión es generar un ecosistema que sea favorable a la evolución de la nueva etapa, y la *Rebelión Pandemial* contiene mucha de la energía transformadora que se requiere para avanzar. Un ciclo que será de menos soledad, con menos "mandatos", con aceptación, con una espiritualidad amplia y con mayor libertad. Será un ciclo de propósitos más altruistas y de una sociedad más sensible y conectada desde la esencia humana.

Indefectiblemente para el desarrollo del altruismo efectivo en todo su potencial se requiere una reducción de la inequidad. No puedo dedicar mucho tiempo a preocuparme por el mundo si al mismo tiempo tengo que estar luchando por pagar el alquiler. Es por eso que el tema de la inequidad y los ingresos de los que menos ganan, están en el centro de la mayoría de las cuestiones sobre las que hablamos en este libro.

Todavía estamos en lo peor de la fase de transición. Nada es estable, cambian las instituciones, los rituales, la tecnología, nuestra forma de trabajo, la economía, los vínculos, las creencias y los paradigmas. Lo que resta de esta década será un periodo complejo; pero a principios de la de 2030, cuando los nuevos ciclos comiencen a estabilizarse, todo será distinto. Se naturalizará el uso de las tecnologías, se consolidarán algunos ritos de las últimas décadas y surgirán otros nuevos, habrá menos inequidad, las comunidades renacerán, y el avance en la lucha contra el cambio climático y muchas otras transformaciones contribuirán a darnos un sentido de propósito.

PARTE 2

PANDEMIALS

"Todos tienen derecho a nacer
pero cada vez son menos los que tienen derecho a vivir."
Gary C, de Visitors

"El curso de la historia revela que
mientras el gobierno crece, la libertad decrece."
Thomas Jefferson

LA GENERACIÓN DE LA REBELIÓN

"El final de nuestras vidas comienza el día que nos quedamos callados sobre las cosas que importan."
Martin Luther King

"Joven es quien siente dentro de sí la fuerza de su propio destino, quien sabe pensarlo contra la resistencia ajena, quien puede sostenerlo contra los intereses creados."
José Ingenieros

La Marcha sobre Roma

En los años posteriores a la Primera Guerra Mundial, conocidos como el *biennio rosso*, Italia experimentó numerosos conflictos sociales y políticos. En las ciudades industriales hubo manifestaciones, paros, tomas de fábricas y protestas por el aumento de los precios. Los gobiernos liberales no lograban mantener el orden, veían menguar su apoyo en favor de los socialistas –aliados al comunismo internacional– y los fascistas encabezados por Benito Mussolini buscaban una acción radical para renovar la nación.

El 24 de octubre de 1922, en Nápoles, Mussolini arengó a la multitud: "Os digo con toda solemnidad: o se nos entrega el gobierno o lo tomaremos, ¡marchando sobre Roma!". A lo que los 40.000 presentes respondieron al grito de "¡A Roma, a Roma!". A los pocos días, *Il Duce* era invitado por el rey a encabezar el gobierno. La base de su estructura de poder eran los «camisas negras», un grupo paramilitar compuesto de hombres de entre 17 y 50 años pertenecientes a clases medias bajas del campo y la ciudad, muchos de los cuales habían peleado en la Primera Guerra Mundial y tras la desmovilización se sentían abandonados por los gobernantes.

Las elites italianas pensaban que *Il Duce* era el mal menor ante el riesgo del socialismo. El fascismo recibió el apoyo de empresarios, militares, la Iglesia, terratenientes y las clases medias, que avalaron los métodos de intimidación y manipulación que le permitieron tener el control absoluto. Según el historiador Ian Kershaw, fue crucial para su éxito la crisis de legitimidad del estado liberal, el impacto económico de la guerra y la amenaza de una revolución comunista.[1]

Mussolini fue el creador del fascismo, que serviría de inspiración a Hitler, Franco, Getulio Vargas, Lázaro Cárdenas y Juan Domingo Perón, entre otros. En los países donde nunca se desarrolló el Estado liberal, las consecuencias fueron aún peores. La inequidad y el desamparo sin los medios democráticos para canalizar el descontento derivaron directamente en el comunismo, como fue el caso de Rusia y China. Tanto los regímenes fascistas como los comunistas impactaron en sus respectivos países hasta nuestros días, y dejaron una importante lección a los gobiernos liberales: la necesidad de ocuparse de los menos favorecidos para preservar la democracia.

Hippies, yippies, yuppies y punks

Los beneficiados de la política antipopulista de la pos Segunda Guerra Mundial, basada en la expansión de las clases medias, el acceso a la universidad y la vivienda, fueron los *Baby boomers*. Nacieron durante la explosión demográfica entre 1946 y 1964. Los más jóvenes de esta generación fueron los protagonistas de la contracultura que se inició en la década de los 60; lucharon por grandes cambios sociales, pero no buscaban romper con el sistema económico de la posguerra, que estaba funcionando bien y mejorando rápidamente el nivel de vida de toda la población. Simplemente querían volverlo más "moderno" en sus valores, así como acabar con los conflictos bélicos que tanto sufrimiento habían generado. Fue un periodo de instituciones fuertes y un gran sentido del progreso nacional. El individualismo era dejado de lado en favor de una época de gran cultura mayoritaria.

La otra subcultura importante entre los *Boomers* fue la *punk*. Emergió entre los hijos de la clase obrera en Inglaterra y en los Estados Unidos a mediados de la década del 70. Según Juan Carlos Kreimer, autor de *Punk la muerte joven*, este grupo brotó de una grieta del mundo capitalista. Los punks no querían o no podían integrarse al Sistema, no concebían el pacto implícito de entregar la vida al trabajo a cambio de seguridad económica.[2] Tuvieron un fuerte impacto en la música con bandas como Sex Pistols, The Clash, Joy Division y The Ramones. En términos políticos cubrieron todo el espectro, sin estar identificados con ningún espacio en particular. Algunas de sus creencias eran el anti-autoritarismo, la no conformidad, el anti-consumismo, la ética del "hágalo usted mismo", la acción directa, y la convicción de no vender sus principios por conveniencia. El movimiento *punk* no hizo ninguna revolución pero su actitud frente al futuro –o no futuro–, hizo que el discurso instalado en la sociedad acerca de que "hay que tener esperanzas" se ajustara a lo real e inmediato.

Tras sus años de rebelión y estudios universitarios, los *hippies*, *yippies* y *punks* se dedicaron a trabajar duro (volviéndose *yuppies*). Se convirtieron en adultos y se desarrollaron durante el periodo de mayor crecimiento económico de la historia de la humanidad; pudieron desplegar sus carreras profesionales y comprar propiedades, bonos y acciones cuando todavía eran baratos. Se calcula que hoy esa generación concentra el 58% de la riqueza total.[3] Sus hijos fueron la *Generación X* (1965-1980), y los *Millennials* (1981-1995).

Los jóvenes de la *Generación X* nacieron cuando los *Baby boomers* todavía estaban consolidando su posición financiera. Crecieron durante la revolución del divorcio, y sintieron que no le importaban a nadie. Fueron independientes, individualistas, competitivos, menos sociables, algo cínicos y responsables. A diferencia del sentido colectivista de posguerra de sus padres, ellos buscaron redescubrir su individualidad, su propio sentido de la pasión, y deshacerse de las obligaciones sociales. Llegaron a la adultez durante las décadas de 1980 y 1990 cuando la inequidad comenzaba a ser más notoria, y el ideal de clase media que vivieron sus padres se desmoronaba lentamente. Muchos fueron influidos por la cultura *punk* heredada de sus mayores, pero su periodo de rebelión juvenil duró poco y rápidamente se integraron al Sistema. Hicieron carreras corporativas, fundaron negocios y su espíritu antisistema se fue domesticando.

Millennials (los herederos)

Los *Millennials* son los hijos menores de los *Baby boomers* que nacieron entre 1981 y 1995. En los países desarrollados llegaron al mundo cuando sus familias ya tenían una buena situación financiera. Se criaron mucho más cerca de sus padres y fueron más reacios al riesgo. A diferencia de los jóvenes *hippies*, *yippies* y *punks*, su forma de expresión se dio a través de canales y redes digitales, y en menor medida a través de comunidades reales. Ellos no quieren ser diferentes, necesitan pertenecer y sentirse aprobados por sus pares. Fueron mucho menos rebeldes que otras generaciones, en parte por la forma en que fueron criados, y en parte porque asistieron a la universidad cuando estas ya no eran un espacio de "rebelión juvenil" sino "la puerta de entrada al Sistema".

Los *emo* fueron la subcultura de los *Millennials* suburbanos que llegaron a la adolescencia cuando las redes sociales estaban despegando. En el periodo 2003-2008 MySpace y otras similares atraparon a los adolescentes por sus inseguridades, siendo el disparador de una angustia rebelde que se reflejó en la vestimenta y los mensajes compartidos por estos jóvenes. Los *emo* surgieron con la música del ambiente *post-punk hard core* de mediados de los 80, y si bien la música siempre estuvo en el centro de la escena, lo que realmente impulsó esta subcultura fueron las primeras redes sociales. En la década de 2010 con su masificación y el crecimiento de otras mucho más masivas como Facebook, YouTube, Twitter o Instagram, comenzaron a perder fuerza.

Tras sus años de comodidad juvenil en la casa de sus padres, y luego de completar sus carreras universitarias, enfrentaron la dura realidad. Se dieron cuenta de que no podían comprar un departamento, que tenían una pesada deuda por sus estudios, que debían importantes sumas de sus tarjetas de crédito y que sus sueldos eran bajos. Los *Millennials* concentran solamente el 3% de la riqueza total, en comparación con el 21% que tenían los *Baby boomers* a su misma edad.[4] No solo son más pobres que sus padres, sino también que los miembros de la *Generación X*. La riqueza promedio de los norteamericanos de menos de 35 años es hoy un 40% más baja de lo que era la de ese mismo segmento en 2004.[5] Apenas el 38% son dueños de sus pequeñas viviendas,[6] por lo que se los conoce como la *Generation Rent*. Poseen el 4% del valor total de las propiedades en Estados Unidos, en comparación con el 32% que tenían sus padres a su misma edad.[7] El hecho de no poder acceder a comprar una propiedad hace que se casen más tarde y tengan menos hijos, a la espera de una mayor seguridad económica.

Esta generación se divide en dos grandes grupos. Por un lado, la *Elite Millennial* que está integrada por los hijos de *Baby boomers* ricos y aquéllos que trabajan en banca de inversión, en marketing, en publicidad y en grandes empresas de tecnología. Son muchos de los que viven en grandes ciudades, y que si bien tienen sus disidencias, se sienten cómodos con el Sistema actual.

La subcultura *hipster* es la que los representa. Se trata de jóvenes adultos urbanos de clases medias altas para arriba, que empatiza en el estilo, la autenticidad y la singularidad. Instagram es la red social que mejor los refleja, y marcó un antes y un después respecto la forma en que los jóvenes se muestran frente a los demás. El lugar donde todos quieren vivir son las grandes capitales globales como Nueva York, San Francisco, Los Ángeles, Londres, Berlín y Barcelona. Todas ciudades donde es cada vez más difícil adquirir una propiedad.

El segundo grupo está conformado por los que pertenecen al *precariado*, que trabajan en la economía *gig* y en empleos de baja remuneración en el sector servicios. Viven más años con sus padres, luchan por pagar el alquiler en los suburbios o ciudades chicas y silenciosamente están enojados con el Sistema.

No ser dueños de sus viviendas, o no tener ahorros, no significa necesariamente que tengan una mala vida. Los más afortunados pueden afrontar el alquiler, salir a comer con amigos, viajar y comprarse la ropa que les gusta. Ven como algo tan inalcanzable una vivienda que no tienen una motivación para ahorrar. Pero el hecho de no ser propietarios y no tener dinero guardado, los coloca en una situación de estrés y ansiedad respecto al futuro. En especial porque muchos trabajan como *freelancers*, en la economía *gig*, o tienen puestos en grandes empresas, pero en un mundo de alto desempleo juvenil temen perderlo y no conseguir uno nuevo.

Por otro lado están aquellos que sí son dueños de sus casas, pero viven endeudados. En muchos países acumulan deudas de su educación universitaria, de la hipoteca, de la compra de un auto; e incluso algunos, de sus estudios de posgrado. Tener un patrimonio a base de deuda es tan estresante como no tenerlo, en especial en países con redes de seguridad social más débiles como Estados Unidos o Latinoamérica.

Jóvenes Pandemials

Los *Pandemials* (1996-2012) son los hijos de la *Generación X* y están ingresando al mercado laboral junto con la pandemia. Serán los más impactados por las turbulencias del cambio de todos los ciclos que sucederá a lo largo de esta década. Estos jóvenes recibieron muchos nombres como *Generación Z*, *Centennials*, y *Post Millennials*. La aceleración de los *Ciclos Humanos* tras la pandemia es lo que marcará el resto de sus vidas.

A diferencia de las anteriores generaciones, las subculturas no penetraron en ellos y se fueron disolviendo. Esto sucedió porque diferentes redes sociales fueron ocupando su lugar y homogeneizando los ideales. Las más grandes de estas plataformas nacieron focalizadas en un grupo social, pero luego se expandieron. Instagram comenzó entre los *hipsters*, Tik Tok entre los más chicos, Facebook entre los jóvenes universitarios, Twitter para noticias al instante. El tema es que los *Pandemials* no quieren estar catalogados en una subcultura en particular, quieren sentirse normales, aceptados y escuchados por todos.

Los *Pandemials* tienen una impresionante capacidad de organizarse y realizar activismo político en las redes sociales. El 15 de junio del 2020, Donald Trump twitteó que cerca de un millón de personas habían solicitado tickets para el lanzamiento de su campaña en Tulsa, Oklahoma. El evento se realizó en el Centro del Banco de Oklahoma que tiene una capacidad de 19.200 asientos; y ante temor de que miles de personas desborden el local, se preparó un escenario fuera del predio para que hable el presidente. El día del evento asistieron solo 6.200 personas y se desarmó la tarima en medio de una plaza desolada [8]. Lo que sucedió es que miles de *Pandemials* usuarios de la plataforma Tik Tok habían reservado entradas, lo cual engañó a los encargados de la campaña. Los adolescentes habían hecho un video que se viralizó, cuyo subtítulo decía:

"bailando la Macarena tras mi confirmación de dos boletos para el mitin de Trump, para que queden dos asientos vacíos". Cientos de miles de jóvenes hicieron lo mismo vaciando el evento de manera virtual.

Los *Pandemials* son jóvenes autosuficientes, seguros y tienen la cultura del "hágalo usted mismo". A diferencia de los *Millennials* ya no tienen padres que los puedan ayudar económicamente, por lo que esperan mucho más del Estado. No quieren tomar enormes deudas para ir a la universidad como hicieron los *Millennials* y los *Generación X* de los países desarrollados, exigen que el Estado se haga cargo de ese costo. No conciben que el mundo continúe con estos niveles de inequidad y no tienen problema en votar a candidatos de izquierda, aunque sus propuestas sean más radicales. Para ellos el socialismo puede ser algo cool, ya que poco saben de la historia anterior a la Guerra Fría. Mao, el Che y el símbolo de la Unión Soviética son simples personajes o logotipos pintorescos que vieron estampados en alguna remera, pero poco conocen de sus crímenes y los sufrimientos que causaron.

En los Estados Unidos son la generación más diversa en términos raciales y étnicos. Solo el 52% de quienes tienen entre 6 y 21 años se identifican como blancos no hispanos. Están más informados respecto a temas sociales que económicos, y por lo general les cuesta identificarse con un partido político.[9] La cuestión ecológica es muy importante para ellos, y a la cabeza de sus prioridades se encuentra el cambio climático. En muchos aspectos son como los *Millennials*: tienen una carencia de comunidades y relaciones reales, usan mucho las redes sociales, y necesitan *feedback* y sentirse escuchados. Solo hechos como el asesinato de George Floyd los sacan a la calle.

Por un lado tienen un estilo de vida más sano, se alimentan mejor y hacen más deporte que las generaciones anteriores.[10] Consumen menos alcohol, menos cigarrillos y menos drogas.

En relación a los *Millennials* muestran un comportamiento menos antisocial, lo que indica una revalorización de los vínculos reales.[11] A pesar de todo esto los expertos hablan de una importante "crisis de salud mental" en esta generación, con un fuerte aumento de los casos de ansiedad, depresión y suicidios.[12] El fantasma es la incertidumbre.

Así como el crecimiento profesional y económico de los *Millennials* quedó marcado por la crisis del 2008, el de los *Pandemials* lo será por la crisis de la pandemia. Cuando salgan de la universidad chocarán con un mundo complejo, con menos oportunidades. Los primeros años tendrán la ilusión y el optimismo de la juventud, pero luego comenzarán a sentirse frustrados. Al igual que los punks es probable que desarrollen una tendencia anti-Sistema, anti-autoritarismo y anti-elites. También que empiecen a perder la fe en el futuro tal como alguna vez pudieron imaginarlo, ellos o sus hermanos mayores. Pero al no contar con apoyo económico y al enfrentarse a un mercado laboral de pocas oportunidades exigirán soluciones concretas. Volver a vivir con sus padres ya no es una opción. Sus progenitores residen en modestas casas o departamentos alquilados, a diferencia de los *Millennials* que podían estar más años en las grandes casas de los *Boomers*, que como tenían una mejor situación económica no necesitaron reducirse cuando tuvieron ese nido vacío.

A diferencia del *punk*, el *Pandemial* sí busca una revolución. No se siente marginado e impotente, se siente empoderado por sus pares; no representa a una subcultura o un grupo pequeño de la sociedad, representa a la mayoría. Es por eso que no se detendrán hasta lograr resultados.

Generaciones

Neil Howe y William Strauss en sus libros *Generaciones* y *El cuarto giro* postulan que la historia estadounidense y de otros países desarrollados avanza en ciclos de cuatro cambios generacionales recurrentes, que llevan a que cada 80 o 90 años se produzcan crisis de la magnitud de la Revolución Estadounidense (1776), la Guerra Civil (1861-1865), o el periodo entre la Gran Depresión y la Segunda Guerra Mundial (1929-1945). Los autores anunciaron una crisis en la década de 2020 derivada del cuarto giro, que según ellos arrancó con la debacle financiera de 2008 que provocó grandes cambios en la actitud de las personas hacia la desigualdad de ingresos, la globalización y el populismo. Esto no hace más que reforzar la idea de que por la lógica de los ciclos humanos y la irrupción de los *Pandemials*, la década de 2020 será turbulenta y de muchas transformaciones. Todos los factores están dados para la *Rebelión de los Pandemials*.

LA REBELIÓN

"El futuro de este país es con nuestras ideas"
Bernie Sanders[1]

El 30 de mayo del 2020, el mismo día en que SpaceX lanzó su cohete tripulado al espacio, más de 350 protestas estallaron a lo largo de los Estados Unidos en lo que fue el levantamiento popular más grande desde la época del movimiento de los derechos civiles.[2] Cinco días antes en Minneapolis, George Floyd, un afroamericano de 46 años, había sido asesinado como consecuencia de la presión ejercida sobre su cuello por la rodilla del policía Derek Chauvin. A las movilizaciones en Estados Unidos se sumaron millones de jóvenes en todo el mundo que expresaron su apoyo, desde Londres hasta Sídney y desde San Pablo hasta Berlín.

La magnitud de la protesta obligó a muchos estados a solicitar ayuda de la Guardia Nacional y a imponer el toque de queda. Millones salieron a la calle a pesar del virus. Los afroamericanos están cansados del maltrato policial, de vivir en lugares donde tienen los peores colegios, la peor salud y los peores empleos. Gran parte del malestar proviene de la sensación de que la policía busca encapsular a los más pobres en sus barrios, como si fueran ciudadanos de segunda, y proteger los barrios de los que más dinero tienen.

En Washington un tsunami de manifestantes entró en la casa de Rahul Dubey buscando refugio después de que la policía bloqueara la calle y los rociara con gas pimienta. Al ver la escena Rahul no dudó en abrirles la puerta a las 80 personas que ingresaron de forma apresurada. A lo largo de la noche la policía hizo varios intentos por entrar, pero no lo consiguieron. El dueño de la casa incluso pidió pizza para los invitados, algunos de los cuales se encontraban golpeados y con los ojos hinchados por el gas pimienta. Rahul comentó a la BBC: "Había personas en cada rincón de la casa. No se conocían entre ellos, eran una mezcla de personas de todas las edades, razas y orientaciones. Era maravilloso. Era América. Me dio mucha esperanza". Al otro día, cuando se levantó el toque de queda, los manifestantes pudieron volver a sus hogares. La gente que escuchó la historia dejó notas y carteles de agradecimiento frente a la vivienda de Rahul.[3]

Las protestas no solo convocaron a la comunidad afroamericana, sino también a jóvenes de todos los orígenes. Se prendieron fuego automóviles policiales y edificios, hubo conflictos con las fuerzas de seguridad y saqueos a comercios. La reacción de Trump –menospreciar a los manifestantes– aumentó la ira de los jóvenes. El nivel de violencia resultó insólito para los Estados Unidos. Floyd encendió la llama que liberó la bronca contenida contra el racismo y la discriminación policial, como una forma de denunciar también a un Sistema injusto y la meritocracia agonizante. Las movilizaciones masivas fueron un grito en contra de la inequidad, el desempleo del Covid-19, los bajos salarios, el costo de la universidad, los elevados alquileres; y por encima de todo, contra una tecnocracia que no ha podido o querido resolver sus problemas. Ellos marchan porque se están dando cuenta que no tienen futuro. La discriminación y el autoritarismo están en las antípodas de los valores de esta generación y son conductas que no van a tolerar.

Lamentablemente la historia demuestra que en muchos casos el ejercicio de la violencia produce cambios importantes. La ley de los derechos civiles (1964) fue aprobada luego de que episodios de violencia fueran transmitidos por TV y de que cuatro niñas resultaran muertas en un atentado con explosivos en una iglesia afroamericana; la ley de equidad de vivienda en 1968, luego del asesinato de Martin Luther King. En Francia, tras los feroces sucesos del Mayo Francés, que hicieron temer una revolución, hubo profundas transformaciones políticas y económicas de largo plazo. Sin ir más lejos, en Chile, tras las masivas y violentas movilizaciones de 2019, el gobierno se vio obligado a impulsar medidas para ayudar a la clase media y a reformar la Constitución heredada del gobierno militar de Augusto Pinochet.

Vivimos tiempos convulsionados en los que se destapan muchos problemas acumulados. Desde finales de 2018 hubo movimientos de protesta que fueron un llamado de atención de los más jóvenes. En Francia, los «chalecos amarillos»; en Bolivia, multitudinarias manifestaciones forzaron la renuncia de Evo Morales; en Hong Kong, los jóvenes contra el avance sobre su libertad por parte del gobierno chino; en Irán, contra el gobierno y el líder supremo por el aumento del precio de los combustibles; y en Sudamérica, el «Chile despertó». Todo esto se suma a las acciones del #MeToo, Ni Una Menos, marchas por el cambio climático y otras manifestaciones. Los *Pandemials* son una generación que no se calla, grita y expone cada injusticia.

Todas estas protestas tienen en común el rechazo al autoritarismo y el reclamo por la inequidad, la corrupción, el costo y calidad de los servicios públicos y el cambio climático. Si bien en algunas casos puede haber grupos de infiltrados que provocan violencia (como ocurrió en Chile),[4] esto no quita que sean manifestaciones legítimas apoyadas por millones de personas.

La presencia de grupos de violentos es peligrosa en países como los Estados Unidos donde hay 400 millones de armas en manos de civiles,[5] y muchos de sus poseedores no dudarán en disparar para proteger sus propiedades frente a los saqueos y al vandalismo de minorías radicalizadas. El riesgo se ve acrecentado por teorías conspirativas que circulan en plataformas como Facebook o YouTube –y que en muchos casos son apoyadas por referentes políticos– que comienzan a desvincular a muchas personas de la realidad, amplificando el miedo y los actos violentos.

Muchos de los que participaron en estas movilizaciones todavía reconocen el ideal liberal clásico sobre el que hablamos en este libro. Pero otros comienzan a ver el mundo desde la óptica del fanatismo, dejando de lado los hechos, los datos duros, e imposibilitando el debate. Polarizan todo en función de: ricos o pobres, racista o antirracista, abortista o antiabortista, Demócrata o Republicano, liberal o antiliberal. Esta polarización obstaculiza el intercambio de opiniones, impide que las personas expresen sus ideas y siembra la división, la cual termina perjudicando a todos. Esto es muy peligroso para el liberalismo, ya que para desarrollarse necesita un entorno de empatía, debate, nuevas ideas y diversidad, del cual surge el progreso.

Las manifestaciones producen un shock inicial y los gobiernos toman medidas por lo general "cosméticas" que diluyen el malestar por un tiempo. Pocos temen que estos episodios se salgan de control. Al día siguiente de que se prendieran fuego edificios de varios pisos, muriera un joven a manos de la policía en Louisville y hubiera serios disturbios en las cercanías a la Casa Blanca, Wall Street cerró con una suba de casi medio punto. Evidentemente en el mercado financiero no se percibe como una amenaza. Tampoco alteraron a los mercados los «chalecos amarillos» en Francia; pero sí sucedió en Chile por la duración y contundencia de las protestas, que hicieron temer una caída del gobierno.

Sin embargo, en contraposición al pensamiento de la tecnocracia de que todo seguirá como antes, hay cambios profundos que tendrán un impacto de largo plazo. Cada día hay más señales de un giro silencioso pero constante hacia la izquierda, hacia el estatismo, signos de un desafío al poder de la tecnocracia.

La Rebelión

Todos estos acontecimientos son parte de una amplia rebelión en contra de la inequidad, la falta de futuro, el cambio climático, la discriminación, las estructuras sociales que reprimen a las mujeres y una tecnocracia distanciada de la gente común. Se trata de una rebelión contra toda una serie de valores y prácticas que los *Pandemials* ven como injustas, retrógradas y autoritarias. Es la lucha de una nueva generación por ocupar su lugar y que su visión del mundo comience a realizarse. George Floyd, Greta Thunberg, el movimiento #MeToo son su cara visible, pero también está presente en pequeñas acciones diarias de millones de jóvenes. Y, en especial, en la conciencia que han tomado de la magnitud de todas estas cuestiones.

La rebelión es un despertar, es el grito necesario para que los gobiernos reconstruyan la meritocracia, enfrenten el cambio climático y que el Sistema pueda ser aprovechado por todos los ciudadanos. El problema no es la rebelión, sino que los políticos liberales no escuchen este grito y el mismo sea capturado por la izquierda. Este movimiento es en esencia liberal, pero debido a que son muy jóvenes para tener sus propios líderes, su energía puede ser canalizada por otras ideologías. Los ciclos humanos vienen a potenciar y retroalimentar este movimiento para que alcance sus objetivos.

El gran giro

La conocida tendencia de los más jóvenes a votar por partidos de izquierda es algo típico del idealismo de la juventud. Pero a medida que desarrollan sus carreras profesionales y mejoran su situación económica, comienzan a votar partidos de centro; y en su vejez muchos votan por partidos conservadores. Se le atribuye a Winston Churchill la frase que dice: "El que no es de izquierda a los 20 no tiene corazón, el que a los 40 sigue siendo de izquierda no tiene cerebro".

El problema es que al no mejorar la situación económica de estos jóvenes, con el correr de los años, el giro hacia el liberalismo de centro no se está produciendo. Este viraje es el que tradicionalmente otorgó al sistema político mayor estabilidad y dinamismo. Los *Millennials* que en la primaria demócrata de 2008 votaron liberales de centro como Barak Obama o Hillary Clinton; hoy, más frustrados y decepcionados con la tecnocracia, lo hicieron por Bernie Sanders y Elizabeth Warren. Los *Pandemials* que por primera vez votaron en la interna demócrata de 2020, también lo hicieron por Sanders y Warren pero en una medida aún mayor que los *Millennials*. Pocos se muestran entusiasmados por el ex-vicepresidente Joe Biden, pero lo apoyan por rechazo a Donald Trump.

El problema con las propuestas económicas de Sanders y Warren es que son claramente populistas. Son imposibles de financiar con la actual estructura de costos de la *canasta de la meritrocracia*. Las del primero implicarían un aumento del gasto público anual de 23 puntos del PBI; y las de la segunda, un incremento de 16 puntos, lo que llevaria el gasto público de los Estados Unidos a niveles incluso superiores a los de Francia o los países nórdicos.[6] Esto provocaría una crisis política por la negativa del Congreso a aprobar estos programas; y de ser aprobados una crisis económica y la bancarrota del gobierno federal.

Si no mejoran las condiciones económicas de los *Pandemials* y no se sienten escuchados por la tecnocracia, a fines de esta década, cuando estos jóvenes ingresen en sus 30 años, el giro hacia el centro del espectro político no se producirá. En cambio veremos un corrimiento permanente del arco político hacia el estatismo y la izquierda.

Tras los *Pandemials* vienen los *Alpha* que son los hijos de los *Millennials* y nacieron después de 2013. Comenzarán a votar e incorporarse al mercado laboral en los primeros años de la década de 2030. Estos jóvenes tendrán una tendencia a la izquierda por una cuestión simple: contarán con menos dinero y menos ayuda familiar que los *Pandemials*. El combo estatista será cada vez más grande: *Millennials (1981-1995)* + *Pandemials (1996-2012)* + *Alphas (2013-2025)*.

En los Estados Unidos el mapa electoral tenderá a quedar atrapado entre la izquierda y el liberalismo tecnocrático. El populismo de derecha, representado por Donald Trump, tiene la demografía en contra. Su principal apoyo, los blancos no hispanos, serán menos del 50% de la población en 2045.[7] El 62% de los hombres de este grupo votaron por Donald Trump en el 2016, contra el 32% que lo hicieron por Hillary Clinton.[8] Todo lo contrario a los demócratas, que miden bien entre los jóvenes, las personas de color y los latinos, los grupos cuyo crecimiento demográfico es mayor.[9]

Según Bill Frey, demógrafo de Brookings Instiution, "Estados Unidos está pasando de una política y una cultura predominantemente blancas, dominadas por los *Baby boomers* en la segunda mitad del siglo XX, a ser un país más diverso racialmente impulsado por las generaciones más jóvenes: *Millennials, Generación Z (Pandemials)* y las que siguen".[10]

Con el segmento de votantes de entre 18 y 40 años inclinado hacia la izquierda, el impacto no ha sido más significativo porque los más jóvenes no suelen ir a votar. En la elección de 2016 en la que resultó electo Donald Trump, solo el 46% de los jóvenes de entre 18 y 29 años fueron a votar, en comparación con el 71% entre los mayores de 65 años.[11] En el Brexit votaron el 64% de las personas de entre 18 y 24 años, en comparación con el 90% entre los mayores de 65 años.[12] Esta falta de participación determinó el triunfo de Donald

Trump y la salida de Reino Unido de la Unión Europea. Los *Pandemials*, que actualmente constituyen el 10% del electorado en los Estados Unidos, representarán el 27% en 2031.[13] Independientemente de que su participación en las votaciones sea un poco más alta o más baja, será una fuerza electoral muy significativa, que provocará un giro de la agenda política hacia las temáticas que preocupan a esta generación.

Los Pandemials europeos

En Europa, los partidos liberales de centro y centro izquierda se han mostrado estables en las últimas décadas,[14] y una primera impresión parecería indicar que el liberalismo tecnocrático se mantiene sólido. Angela Merkel –quien probablemente sea la liberal más exitosa de las últimas décadas– ha estado en el poder más de 15 años; Macron ha elevado su popularidad tras superar la crisis de los «chalecos amarillos»; y en general todos los líderes europeos (y globales) se han visto favorecidos por la pandemia. El descontento de los jóvenes es aplacado por el sistema de *pre-distribución* y un Estado generoso en sus políticas sociales, siendo una de las mayores problemáticas la cuestión del costo de la vivienda. El apoyo a los partidos liberales en Europa está más relacionado con la economía; cuando esta se debilita los partidos anti-europeos ganan protagonismo. Hoy el problema no pasa tanto por el corrimiento a la izquierda o el populismo antidemocrático, sino por los partidos que quieren salir del euro y los movimientos separatistas. El bloque es muy grande, y es muy diferente la realidad de los países del norte y los del sur.

En abril de 2020 en una transmisión en vivo por Facebook, el líder de la Liga Norte, Matteo Salvini, se refirió al "egoísmo" que según él mostraba Bruselas frente la pandemia del Covid-19, ante lo cual propuso un referéndum para la salida de Italia de la Unión Europea.[15] Este tipo de ideas crecieron junto con el Brexit: de ser exitoso este tipo de salida, otros países querrán imitarlo. Los *Millennials* italianos, y en especial los *Pandemials*, no están contentos con el actual rumbo del país, entre otras cosas, porque el desempleo juvenil supera el 30% desde el año 2011.[16] Entre los menores de 45 años, son más lo que quieren a Italia afuera de la Unión Europea que los que no.[17] Esta tendencia no hará más que agrandarse con la pandemia y la crisis económica.

Italia fue hasta hace no muchas décadas la economía más pujante de Europa. Entre el año 1945 y el 2000 el PBI per cápita se multiplicó por 10.[18] En 1989 durante lo que se denominó *Il sorpasso*, Italia superó a Reino Unido y se convirtió en la cuarta economía del mundo, solo por detrás de Estados Unidos, Japón y Alemania. Sin embargo, tras la adopción del euro la economía Italiana dejó de crecer[19] y hoy su PBI per cápita es más bajo que hace 20 años.[20] La región norte –Lombardía, Véneto y Emilia Romagna–, la más desarrollada, pudo con esfuerzo sobrellevar una moneda fuerte, pero el sur vio caer su economía considerablemente.[21] En el norte la pobreza ronda el 10%, en el sur supera el 30% y en Campania o Sicilia está por encima del 40%.[22]

El estancamiento económico, junto con altos niveles de desempleo juvenil y el crecimiento de los partidos populistas (Movimiento 5 Estrellas) y de derecha (Liga Norte), crearon un caldo de cultivo ideal para una ruptura con la Unión Europea. Durante esta década, a medida que aumente la participación electoral de los *Millennials* y *Pandemials*, el clamor por la salida de la Unión Europea se escuchará más fuerte. Italia no es Grecia, es la tercera economía del bloque, y su abandono del euro podría significar el fin del proyecto europeo.

Tras la pandemia, y a pesar de haber tenido superávit fiscal primario (antes del pago de intereses) desde la década de 1990,[23] la deuda pública de Italia será del 160% del PBI,[24] un nivel peligrosamente alto, que solo se puede sostener con el compromiso firme del Banco Central Europeo (BCE) de seguir comprando bonos italianos. Ante cualquier señal de duda por parte de esa institución, o de la Comisión Europea, los costos de financiación del país podrían subir fuertemente y colocarlo al borde del default. El problema de la deuda en Italia deriva de la falta de crecimiento y de la sobretasa que paga respecto a los países del norte de Europa, no de la irresponsabilidad fiscal. Si la Unión Europea no aumenta el paquete de ayuda a las naciones afectadas por la pandemia, y si el país no complementa esta ayuda con reformas estructurales profundas, un *Italix* caótico podría suceder y provocar una ruptura de la Unión Europea, que llevaría a una crisis económica y financiera global. Italia podría ser el epicentro de la *Rebelión de los Pandemials* europeos.

Transferencias intergeneracionales

En todo el proceso de descontento de los jóvenes, las transferencias de riqueza intergeneracionales juegan un papel muy importante. Los *Millennials* son la última generación en recibir una herencia grande. Sus padres, los *Baby boomers,* acumularon gran cantidad de dinero en una sociedad que era muchísimo mas igualitaria, por lo que la base de transferencia intergeneracional es más amplia. Los *Boomers* ayudan económicamente a sus hijos, lo que constituye un factor por el cual los *Millennials* son menos "revoltosos" que los *Pandemials*. Se calcula que para el año 2030 los *Millennials* tendrán una fortuna 5 veces superior a la actual debido a que heredarán 68 billones de dólares, lo que representa una de las mayores transferencias de riqueza de la historia.[25] En los Estados Unidos y en Europa el 80% de las personas de más de 65 años son dueñas de sus casas, un patrimonio que será transferido a las nuevas generaciones.[26] No obstante esto ocurrirá de forma desigual: algunos de ellos heredarán muchísimo dinero, y otros muy poco, pero de todos modos y en términos generales los *Millennials* configuran una generación que recibirá una buena herencia. Después de este pase, las transferencias de riqueza intergeneracional se concentrarán cada vez en menos personas.

En el caso de los *Pandemials* la situación se presenta más complicada. Sus padres pertenecen en su mayoría a la *Generación X* y no tienen una situación económica tan buena como los *Baby boomers*. Esto hace que no puedan apoyarse económicamente en sus familias y pone en evidencia un factor que los motiva a rebelarse. En el caso de los *Alpha*, sus padres son *Millennials* que tienen aún menos dinero, y si bien muchos recibirán una buena herencia, esta suele dividirse entre varios hermanos, y probablemente les quede poco para poder ayudar a sus hijos.

Riqueza por generación [27]

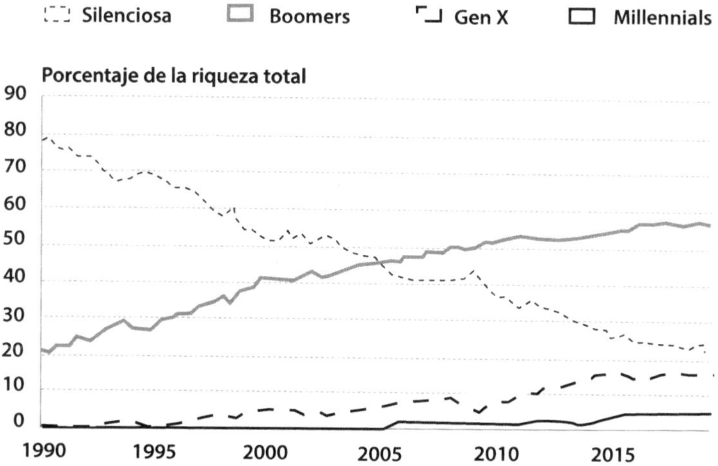

Meritocracia, no estatismo

En los Estados Unidos el 70% de los *Pandemials* piensa que el gobierno debería llevar a cabo más políticas para ayudarlos, en comparación con el 64% de los *Millennials*, el 53% de los

Generación X, el 49% de los Boomers, y el 39% de la *Generación silenciosa* (1928-1945).[28] Es lógico que demanden más asistencia del Estado que sus mayores. Estos no esperan mucho del gobierno dado que ya recibieron ayuda estatal cuando eran jóvenes. Lo que hoy piden los jóvenes es conceptualmente justo. Quieren educación de calidad a bajo costo, propiedades accesibles al igual que tuvieron sus padres en la década de 1960 y otras muestras de equidad social. Si el Estado interviene mucho o poco en la economía no les preocupa demasiado, simplemente quieren soluciones a sus problemas.

Debido a que los gobiernos liberales no están ofreciendo respuestas, estas demandas están siendo capturadas en gran parte del mundo por la izquierda populista. Y la izquierda no se conformará solamente con salud y educación gratuita, irá por más, querrá regular la economía, estatizar empresas estratégicas y establecer altísimos impuestos a los más ricos que reducirán la inversión. Al darse cuenta de que sus promesas son imposibles de cumplir sin bajar el costo de los servicios públicos, querrán imponer precios máximos, y esto afectará la oferta y terminará provocando una recesión. Al final, por no anticipar las necesidades de los más jóvenes, los países desarrollados pueden ver un regreso del estatismo. Ya vimos este proceso en Argentina y Venezuela y los resultados mostraron un fuerte aumento de la pobreza, una reducción de la oferta y la destrucción del sector privado.

El eje de poder

Los votantes de los populismos de izquierda y de derecha tienen algo en común: el rechazo a la tecnocracia y la revalorización de la figura del líder.

La *Rebelión de los Pandemials*, junto con el crecimiento de los populismos, marcará el final del poder absoluto de la tecnocracia. Seguirá siendo importante pero deberá convivir con la figura del líder. Tal transferencia del centro de poder constituye una revolución en sí misma, porque el enfoque tecnocrático representó la forma dominante de enfrentar los problemas en las últimas décadas. El descontento acumulado contra la tecnocracia y las elites liberales, que desde la caída del Muro de Berlín fueron incapaces de mejorar las condiciones de vida de las clases medias en los países desarrollados, es el origen de este giro político. El castigo contra estos dos grupos se manifiesta en el voto por figuras que muestran un poco más de individualidad e independencia de la elite política y económica, lo que genera en sus seguidores la esperanza de un cambio.

El líder tiende a generar empatía y la sensación de no estar atado a la estructura tecnocrática. Transmite la capacidad de brindar soluciones, sin tener que rendir cuentas a las corporaciones ni estar limitado por intereses previos. En su discurso ofrece la visión de un esquema verticalista, en el que las órdenes son acatadas y no pueden ser influidas por las elites. Esto no significa necesariamente que el líder sea autoritario, solo que debe responder por sus actos ante el sistema democrático y la población, y no ante la "estructura de poder paralela" controlada por la tecnocracia y los grupos con capacidad de lobby. Si hoy un líder intenta avanzar sobre la división de poderes, los *Pandemials* serán los primeros en impedirlo. Buscan en él empatía frente a sus problemas y eficiencia para resolverlos, no un personaje autoritario. Quieren un presidente, no un títere que sea la cara visible de poderosos intereses que lo condicionan. Estos jóvenes creen en la democracia, rechazan toda forma de autoritarismo y la violencia. Puede haber como en toda generación minorías radicalizadas y violentas, pero no dejan de ser eso: minorías que no representan al conjunto.

La deuda y la libertad

El modelo de vida basado en acumular cada vez más deuda, que se intensificó a partir de la década de 1990, no encaja con los principios libertarios de esta nueva generación. Hacer frente a una deuda requiere estabilidad, permanecer en el mismo trabajo, tomar pocos riesgos; a su vez estar endeudado hace más difícil emprender e invertir por el simple motivo que a fin de mes hay que pagar la cuota de la hipoteca, del crédito universitario, del auto y de la tarjeta. Este modelo estaba pensado para la economía de posguerra, para un contexto en el cual las personas trabajaban toda su vida en una misma empresa, no tenían que afrontar los costos patrimoniales de un divorcio, y pocos se aventuraban a ser *freelancers*. La deuda es un instrumento útil, pero como todo tiene un límite. En los Estados Unidos la deuda de las familias creció de poco más del 40% del PBI en 1980 al 80% en la actualidad;[29] en Francia y España subió de alrededor del 20% al 60%;[30] y en Reino Unido del 30% a más del 80%.[31] La correlación entre los niveles de deuda de las familias y el aumento de casos de ansiedad ha sido documentada por diversos estudios.[32] La generación *Pandemial* está cada vez menos dispuesta a soportar esta carga, sus integrantes prefieren alquilar a tener que sufrir el peso de una elevada hipoteca toda su vida, y buscan formas de poder ir a la universidad sin tener que contraer grandes deudas.[33] Es un tema complejo, vinculado a los costos sobre los que hablamos en el capítulo sobre inequidad. La deuda limita la libertad para moverse geográficamente en busca de mejores trabajos y para poder emprender. Desde la década de 1980 la tasa de migración dentro de los Estados Unidos ha disminuido.[34] Los *Pandemials* quieren ser libres por lo que este modelo económico enfrenta grandes obstáculos con esta generación.

El giro de largo plazo llevará a que los gobiernos deban mejorar la calidad y reducir el costo de la *canasta de la meritocracia*. Seguramente veremos un Estados Unidos en algunos aspectos más similar a los países europeos, donde la salud y la educación son gratuitas o de bajo costo. La *Rebelión de los Pandemials* tendrá consecuencias geopolíticas importantes en todo el mundo debido a que involucra un cambio muy profundo de valores y de actitudes.

Conclusión

Cada generación deja su marca, tiene un legado, y provoca transformaciones. Los *Pandemials* no serán la excepción. Ellos son la fuerza que faltaba a los *Millennials* para comenzar a construir un mundo en función de sus valores y visiones. Es la fuerza que nace de ver a los *Millennials* en una situación económica delicada, y saber que les espera lo mismo o algo peor; es la fuerza que nace de no tener a nadie que los ayude. Lo que hemos visto con las manifestaciones en Chile, Estados Unidos, Francia y muchos otros países fue un llamado de atención, una alerta temprana respecto al malestar reprimido de millones de jóvenes. A esto se sumó el shock económico más grande en un siglo, el cual acelerará los reclamos y el cambio del eje de poder. Los que protestan no van a obtener todo lo que quieren, pero seguramente sus demandas tomarán agenda pública y serán escuchados. Y ese es el primer paso para un cambio. Lo gobiernos liberales aún están a tiempo de unirse a esta rebelión y canalizar su energía hacia los objetivos más nobles de la ideología liberal. Están a tiempo de poder preservar el camino virtuoso que hemos recorrido durante más de dos siglos y cuyas bases sólidas son necesarias para transitar con éxito la *Década de las Turbulencias*.

PANDENOMICS

"Al final, la respuesta es: nunca apuestes contra Norteamérica"
Warren Buffet[1]

El 2 de mayo del 2020 el legendario inversor Warren Buffett, con sus casi 90 años, hizo por primera vez la conferencia anual de accionistas de Berkshire Hathaway por videoconferencia. El encuentro habitualmente se lleva a cabo todos los años en la ciudad de Omaha (Nebraska), y asisten unos 40.000 accionistas para escucharlo.[2] En esa ocasión la "fiesta del capitalismo" debió ser suspendida por el Covid-19 y realizada de forma virtual. Quienes invirtieron 10.000 dólares en su empresa en 1964, al final de 2019 tenían 274 millones;[3] quien hubiera invertido en el S&P (índice de las 500 empresas más grandes de los Estados Unidos), tendría hoy 381.000 dólares.[4]

Warren no es un empresario típico, tiene una perspectiva de largo plazo de los eventos, mantiene sus inversiones en cartera durante décadas, y su mensaje anual es escuchado con atención por la comunidad financiera. Berkshire sufrió una pérdida de 49.700 millones de dólares en los primeros tres meses del 2020,[5] pero eso no afectó su visión del futuro. Durante la conferencia Warren resaltó el papel de la FED (Reserva Federal) en el manejo de la crisis, la solidez del Sistema, habló de las crisis que ha atravesado el país desde la Gran Depresión (1929-1933), y dejó un mensaje firme y claro: ¡Nunca apuestes contra Estados Unidos!

Tras un mes de abril en el que se perdieron 20,5 millones de empleos en los Estados Unidos, los analistas esperaban una pérdida de 8 millones de empleos en mayo.[6] Pero ocurrió todo lo contrario: se crearon 2,5 millones de nuevos trabajos y la tasa de desempleo bajó al 13,3%, desde el 14,7% del mes anterior. Fue una sorpresa enorme y positiva que hizo subir fuertemente el mercado.[7] No importó que el Covid-19 siguiera contagiando personas, que las calles estuvieran llenas de manifestantes, o que hubiera un presidente desequilibrado en la Casa Blanca: la fe en el Sistema se mantenía intacta y las instituciones que permitieron crear semejante nivel de riqueza en ese país seguían funcionando. La economía mostró que pudo resistir el mayor impacto desde la crisis de 1930.

Es igualmente cierto que el Covid-19 no solo confirmó que el Sistema tiene sus problemas; también los expuso a la vista de todos. Quedaron de manifiesto en el mayor desempleo y las tasas de mortalidad entre las personas de menores ingresos, y en el descontento social que se vio en las calles tras el asesinato de George Floyd. Pero por otro lado, el Sistema demostró su resistencia y la peor crisis desde la Gran Depresión pudo ser superada con éxito. La conclusión es que el Sistema funciona y es sólido: puede ser sacudido, pero no se rompe.[8] Sin embargo, al mismo tiempo reveló la necesidad de prestar atención a los problemas colaterales que quedaron al descubierto y que la pandemia amplificará en los próximos años.

Pandenomics

Pandenomics alude a la aceleración de ciertos procesos económicos que vienen apareciendo en las últimas décadas, y que se acrecentaron con el Covid-19. Así como la pandemia aceleró *los ciclos de la Inequidad*, del *Desarrollo Tecnológico* y del *Espíritu Humano*, también dispara cambios económicos. La fase que se inició en la década de 1980 estuvo marcada por el estancamiento de los salarios de los trabajadores menos calificados, la baja de la inflación, el aumento de los niveles de deuda y de los precios de todo tipo de activos financieros y propiedades, y por la globalización del comercio y de las finanzas. Todos estos procesos –con la excepción de la globalización del comercio– se precipitarán exponencialmente: los cambios económicos que podrían suceder en cinco o diez años se verán en los próximos tres o cuatro.

Durante la pandemia y esta década es posible que veamos la mayor destrucción creativa de todos los tiempos. Veremos aparecer empresas increíbles basadas en nuevas tecnologías, así como la desaparición de muchas empresas tradicionales.

La aceleración de la transformación tecnológica generará más inequidad dado que las empresas necesitarán menos trabajadores, en especial entre quienes realizan tareas fáciles de automatizar y ganan menos. Por otro lado, el nivel de empleo podría tardar varios años en volver a los valores previos a la pandemia, en particular entre los más jóvenes. Este desfasaje entre la oferta y la demanda laboral ya está provocando una presión a la baja en los salarios.

Ofrecer más bienes y servicios con menos empleados es bueno porque genera un aumento de la productividad, que es la base del crecimiento económico en el mediano y largo plazo. Sin embargo en el corto plazo se necesitará un mayor estímulo económico para absorber a los trabajadores desplazados.

El proceso de "uberización" de la economía se acelerará de la mano de mayor cantidad de *freelancers*. Cambiarán las tendencias de consumo con un crecimiento de los canales de venta online. La incertidumbre producirá niveles de ahorro más altos y la inversión estará dominada por las grandes empresas que pudieron atravesar mejor el temporal.

Como el Sistema no podrá absorber la capacidad laboral de toda la población, *Pandenomics* exigirá una acción activa por parte de los gobiernos. Pero esta nada tiene que ver con el estatismo: se requerirá un tipo de estímulos económicos que promuevan la libertad, el avance tecnológico, la autonomía y la creatividad, y reduzcan la inequidad. Simultáneamente esta acción activa deberá ser capaz de enfrentar los problemas del cambio climático. Será imprescindible aprovechar lo mejor de las instituciones liberales, del sistema capitalista y de la tecnología para comenzar a articular los incentivos de forma diferente. Este nuevo paradigma demandará nuevos instrumentos de la política fiscal y monetaria para poder sobrellevar con éxito la transición hacia los nuevos ciclos humanos que ya se están produciendo en la década actual. La pandemia representa una importante oportunidad para impulsar una economía con propósito, que invierta en ciencia, y en la cual se ayude a las naciones menos favorecidas a enfrentar el cambio climático.

Economía de guerra

En pocas semanas el mundo se paralizó. El virus afectó la economía mediante la disrupción de la oferta de trabajo, de bienes y de servicios. El riesgo de un contagio descontrolado que hiciera colapsar el sistema sanitario obligó a casi la totalidad de la población a guardar cuarentena. Las oficinas, los colegios, las fábricas, los edificios públicos, los negocios a la calle, los shoppings y lugares de esparcimiento debieron cerrar sus puertas. Los circuitos de producción y consumo pagaron las consecuencias.

Los economistas van aprendiendo lecciones de cada una de las crisis. La de 1930 fue la más importante. Su profundo estudio nos enseñó cómo evitar que la crisis del 2008 acabase hundiendo a la economía global durante décadas. Garantizar los depósitos bancarios, proveer liquidez al sistema, evitar la deflación y la quiebra de empresas estratégicas, estimular la economía mediante el gasto deficitario y otras estrategias para enfrentar las crisis ya fueron incorporadas; y hoy son aceptadas por la mayoría de los economistas.

Ante el Covid-19 los gobiernos lanzaron la *economía de guerra* para impedirle el paso al virus en todos sus frentes. Los bancos centrales volcaron la mayor inyección de dinero de su historia. Garantizaron la liquidez del sistema financiero, bajaron el costo del crédito y se aseguraron que siguiera fluyendo a las empresas para evitar su quiebra. La FED no solo redujo la tasa a cero y compró bonos del gobierno federal, sino que también adquirió títulos hipotecarios, bonos municipales, estatales, corporativos y de alto rendimiento (*junk bonds*), y amplió líneas de crédito a otros bancos centrales. El BCE (Banco Central Europeo) lanzó un programa de compra de activos por 1,35 billones de euros para ayudar a los países más impactados por la pandemia.[9] El Banco de Japón también adquirió acciones, al punto de poseer casi el 20% del paquete accionario de algunas grandes empresas del país [10]. De igual modo, las autoridades monetarias de Brasil, Chile, Colombia, Croacia, Hungría, Indonesia, Polonia, Rumania y Sudáfrica impulsaron la emisión monetaria para adquirir bonos destinados a financiar los déficits de la pandemia.[11] Esta fiesta de emisión hizo crecer fuertemente la base monetaria de los países.

Tamaña inyección de liquidez produjo una devaluación que no se refleja en los precios de otras monedas –porque todas están siendo devaluadas al mismo tiempo– ni en los precios al consumidor, pero sí en los valores de los activos financieros. Este proceso de inflación de los activos por el accionar de los bancos centrales se denomina "reflación". Por esta causa y por la confianza en el largo plazo, en los Estados Unidos los índices bursátiles regresaron en poco tiempo a niveles cercanos a los que había antes de la pandemia. Aunque deban esperar un largo plazo y asumir riesgos, en un mundo de tasas bajas, e incluso negativas, los inversores se abalanzan sobre activos que les den un rendimiento positivo. En el mediano y largo plazo las acciones continúan siendo la mejor opción de inversión en países con instituciones sólidas.

Balances combinados Fed, BOJ y ECB [12]
(en miles de millones)

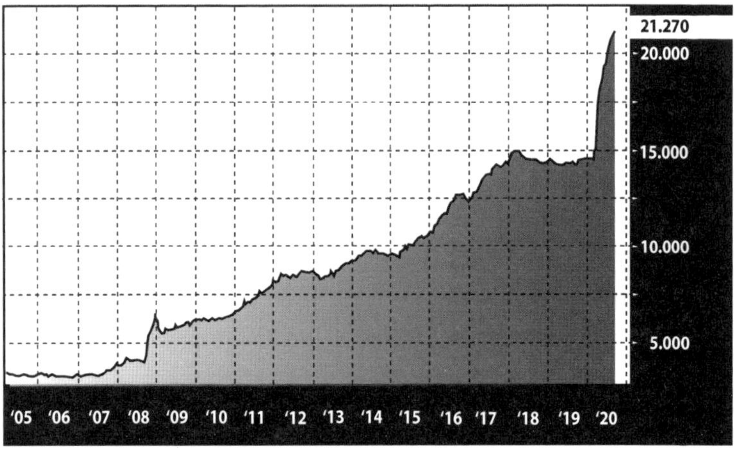

El estímulo fiscal se concentró en el pago de los salarios de aquéllos que debieron permanecer en cuarentena, en la reducción de impuestos, en prestamos garantizados, en moratorias para hipotecas y alquileres, en subsidios para los servicios de agua, luz y gas, y por último en medidas directas para ayudar a los sectores más afectados como el aeronáutico, el transporte y el turismo. Tales acciones evitaron que muchas empresas –de esos y otros rubros– fueran a la quiebra, y permitieron que los salarios siguieran llegando a los trabajadores que estuvieron inactivos durante la cuarentena.

Los gobiernos pudieron financiar estos planes de estímulo gracias a la compra masiva de bonos públicos por parte de los bancos centrales dentro de los programas de emisión cuantitativa, y también gracias a la confianza en que la impresión de dinero para comprar estos bonos no generaría inflación. Cuando salgamos de la parálisis económica provocada por la pandemia, los gobiernos tendrán niveles de deuda en relación al PBI muy altos, en algunos casos superiores al 100-130%. Sin embargo, el costo de esta deuda será bajo debido a las bajas tasas de interés producto de la emisión cuantitativa.

Las dificultades económicas vendrán tras el paso de la pandemia, cuando haya presiones para reducir los elevados déficits fiscales. La economía continuará débil y puede resultar como quitarle el respirador al paciente cuando aún se está recuperando. La FED estima que el desempleo en los Estados Unidos recién en 2023 volverá al 4% previo a la pandemia; mientras que Goldman Sachs espera que ese número se alcance en 2025.[13] Dada la enorme emisión monetaria que realizaron los bancos centrales, el mundo no tendrá un problema de liquidez, ni de tasas altas que frenen el consumo y la inversión. Tendrá un problema de falta de actividad económica, sumado a una gran conflictividad social producto de las demandas que inevitablemente se multiplican tras este tipo de acontecimientos.

Emisión cuantitativa (QE)

Desde 1990 el mundo ha salido de cada crisis con la misma solución: más deuda. La máxima expresión de este mecanismo es la emisión cuantitativa, también conocida como QE, que consiste en la emisión de dinero por los bancos centrales para comprar activos financieros, con el objetivo de aumentar la oferta de dinero y reducir las tasas de interés.

Este instrumento es altamente efectivo en crisis económicas severas, pero no así para estimular la economía durante periodos prolongados de bajo crecimiento y baja inflación como los que experimentaron la zona euro y Japón durante muchos años. En estos países el dinero emitido terminó acumulado en las cuentas bancarias de los individuos más ricos, invertido en bonos y acciones, pero no alcanzó a movilizar la economía real. Su objetivo de estimular la inflación y la actividad económica finalmente no cumple con las metas esperadas.

El BCE se ha embarcado en sucesivos programas de QE desde el año 2009 y obtuvo buenos resultados a lo hora de garantizar la solidez fiscal de los países miembros. Esto evitó la desintegración de la zona euro en 2012, pero no logró generar un crecimiento económico vigoroso ni llevar la inflación a la meta del 2%.

El aumento de los precios de los bonos, acciones y propiedades beneficia principalmente a los más ricos. Sin embargo ellos son los que tienen menor propensión marginal a consumir. Si un individuo tiene un patrimonio de 10 millones de dólares y producto de aumento de los precios de los activos sube a 12 millones de dólares, su consumo no variará mucho. En cambio si gana 25.000 dólares al año y pasa a ganar 30.000, es muy probable que destine la mayoría del ingreso adicional al consumo.

Con las corporaciones sucede lo mismo. Si la economía no crece mucho y no necesitan invertir, no destinan el financiamiento barato a inversiones. Es más común que las empresas tomen deuda barata para recomprar sus propias acciones, como ha venido sucediendo los últimos años. 465 empresas del índice S&P 500, recompraron entre el 2009 y el 2018 4,3 billones de dólares de sus acciones, lo que equivale al 52% de sus ganancias, y repartieron otros 3,3 billones en dividendos, lo que representa un 39% adicional de sus ganancias.[14]

A principios de marzo del 2020 había en el mundo casi 15 billones de dólares de bonos con rendimientos nominales negativos.[15] Alemania y otros países europeos tienen deuda a 30 años con tasas negativas.[16] Austria emitió un bono a 100 años que rinde solamente un 0,7%.[17] Los retornos son negativos en términos reales si tenemos en cuenta que la inflación de la zona euro fue del 1,3% en el 2019. En el caso austriaco si tomamos la tasa del 0,7% del bono centenario y una inflación promedio del 1,3% para los próximos 100 años, la persona que hoy invierte 1.000 euros tendría en términos reales 542 euros al vencimiento, es decir, una pérdida del 46%. En el caso del comprador de un bono alemán a 30 años con rendimiento del -0,1%, tendría 660 en términos reales al vencimiento.[18]

Freedom QE

El término *helicopter money* fue acuñado durante la crisis de la pandemia como un posible mecanismo para pagar por los costosos paquetes de rescate que lanzaron los gobiernos. Es un viejo concepto desarrollado en 1969 por el famoso economista Milton Friedman, de la corriente monetarista, quien luego asesoraría a Ronald Reagan y Margaret Thatcher. En 2002, quien posteriormente sería presidente de la Reserva Federal, Ben Bernanke, lo propuso como una solución a la *década perdida* de Japón caracterizada por el bajo crecimiento y la baja inflación.[19] Se trata de que el banco central imprima dinero para financiar gasto público, o para entregarlo a los ciudadanos, como si se tratara de un *helicóptero que arroja dinero.*

La idea es interesante en contextos como el actual, pero creo que la financiación explícita de los déficits fiscales que propone la teoría monetaria moderna puede afectar la credibilidad de los bancos centrales. El escenario de bajas tasas de interés en el que nos encontramos ofrece otras alternativas igual de efectivas, pero que no limitan la capacidad de realizar política monetaria contractiva.

Estamos viviendo tiempos extraordinarios. La pandemia y la crisis económica más grandes en un siglo se dan al mismo tiempo que el colapso de los ciclos humanos y un crecimiento de los populismos de izquierda. Desafíos extraordinarios requieren soluciones extraordinarias. Es necesario utilizar todos los recursos disponibles: lo fiscal, lo monetario, lo regulatorio y lo comunicacional. La situación es similar a la planteada durante la Guerra Fría: hay un enemigo al que vencer y un sistema al que rescatar. En términos de inversión, la determinación debe ser de la misma magnitud que la que tuvieron los gobiernos liberales en el periodo de posguerra para ganar la batalla tecnológica, económica, militar y cultural contra el comunismo. Las instituciones liberales estarán en peligro durante esta década. Asegurar la superioridad tecnológica sobre los autoritarismos, integrar a los jóvenes y vencer el cambio climático deben ser no solo políticas de Estado sino también de seguridad nacional.

La base del *Freedom QE* es que en lugar de emitir para bajar la tasa de interés, que ya se encuentra en mínimos, se emita para otorgar prestamos de largo plazo a los gobiernos destinados a financiar inversiones de un programa al que podríamos llamar *Acta Humana*, con el objetivo de liberar el potencial humano, reducir la inequidad y enfrentar de forma contundente el cambio climático. El nombre de este programa hace referencia a un gran acuerdo para restablecer más humanidad entre los humanos. Esta nueva política económica humanista y libertaria propone como meta impregnar de propósito al capitalismo con mecanismos que fomenten la libertad, reduzcan la burocracia y aceleren los avances científicos y tecnológicos. Su nombre deriva de la intención de liberar a la humanidad de los problemas de largo plazo que padece.

El mecanismo funciona mediante la compra por parte de los bancos centrales de bonos a 50 años con cupón muy bajo, emitidos por los gobiernos para financiar las inversiones del *Acta Humana*. Dado que este bono es a un plazo muy largo, la inflación y el crecimiento económico del periodo harían que al momento de su devolución esta deuda sea baja en términos reales. La inflación en la zona euro fue del 1,3% en el 2019,[20] suponiendo que ese valor se mantuviera constante, el monto real al vencimiento del bono a 50 años con una tasa del 0,5% anual sería de 670 euros por cada 1.000 nominales. Por otro lado, mientras no haya esterilización de esta emisión, el costo fiscal es cero debido a que los bancos centrales pagan dividendos a sus respectivos gobiernos. Teniendo en cuenta la expansión del balance de la FED, se espera que la institución transfiera 140.000 millones de dólares en dividendos al Tesoro norteamericano en el 2021.[21]

Debido a que puede no haber un mercado primario relevante para estos bonos, se debería modificar o hacer una excepción en las normas que impiden la financiación directa de los bancos centrales a sus respectivos tesoros. Debe quedar claro que es un programa excepcional, en el marco de la post pandemia, la crisis climática y el colapso de los ciclos humanos. Si bien existe el riesgo de afectar la credibilidad de los bancos centrales, la difícil situación justifica asumir un riesgo moderado.

Muchos economistas podrían argumentar que el *Freedom QE* podría reducir la capacidad de los bancos centrales de combatir la inflación. No es así, estos seguirán contando con todos los instrumentos de la política monetaria: pueden modificar lo que pagan a los bancos por sus fondos depositados, pueden comprar o vender bonos cortos para subir o bajar la tasa de referencia, pueden no renovar al vencimiento los bonos que tienen en su enorme balance, pueden disponer o no de líneas de créditos a los bancos; y por último, llegado el caso, pueden vender títulos usando el bono a 50 años como colateral para retirar más dinero del mercado (Repo). Las opciones son muchas, y de ser necesario, seguirán teniendo la posibilidad de realizar una fuerte contracción monetaria. El balance del Banco Central Europeo (BCE) alcanzará los 6,5 billones de euros a finales del 2020 esto representa el 46% del PBI de la eurozona,[22] y demuestra que hay amplio margen para la política monetaria. Obviamente es muy importante que los bancos centrales no pierdan capacidad de acción.

Por otro lado, una leve inflación adicional que la acerque a la meta del 2% beneficiaría a la economía, y reduciría aún más el monto real de la deuda.

Dado que el *Acta Humana* se concentra en inversión y no en gasto corriente, en caso de ser necesario sería fácil de desactivar. El *Freedom QE* se puede instrumentar por períodos preestablecidos o en función de los niveles de crecimiento e inflación al igual que el QE tradicional. *El Freedom QE* financiando el *Acta Humana* puede resultar muy efectivo para salir de períodos de bajo crecimiento y baja inflación.

El efecto inflacionario de este tipo de programas podría estar sobredimensionado. Durante la década de 2020 la tecnología continuará siendo un factor deflacionario por la masificación de desarrollos como los autos autónomos, la inteligencia artificial, la robotización y la automatización de procesos; a lo que se suma la caída del precio del petróleo, las demandas salariales reducidas, el crecimiento de la economía gig, así como mayores niveles de ahorro por la incertidumbre económica y el envejecimiento de la población.

Durante gran parte de la historia económica mundial la deflación ha sido un problema mayor que la inflación. En los Estados Unidos los precios bajaron un 33% entre el año 1800 y el año 1900.[23] Al periodo de 1870 a 1890 se lo conoce como la "Gran Deflación". Durante esas décadas los precios bajaron un 2% anual. Esto fue producto de que regía el patrón oro, y por ende la oferta monetaria dependía estrechamente de los nuevos descubrimientos del metal. Por otro lado, se produjo un aumento fenomenal de la productividad tanto en el campo como en la industria, donde se incrementó muchísimo la producción y bajaron los precios. A esa situación se sumó el desarrollo del transporte en ferrocarril y barco a vapor que redujo fuertemente los costos logísticos. La caída de los precios provocó numerosos problemas económicos, creció la inequidad y hubo varias crisis por el aumento relativo de la deuda en relación a los ingresos. Debido al cambio tecnológico en la década de 2020 podríamos ver presiones deflacionarias similares.

Que la inflación se encuentre por debajo del target por periodos prolongados trae aparejados ciertas dificultades. Representa una oportunidad perdida y quita credibilidad a los bancos centrales. Significa que hay margen para que la política monetaria sea más laxa y el crecimiento más alto, sin que los precios aumenten por encima del target. En el contexto actual no podemos darnos el lujo de desaprovechar el potencial de la política monetaria. En Europa las expectativas de inflación de largo plazo se encuentran apenas por arriba del 1%, un nivel mucho más bajo que cuando el BCE inició su programa de QE a comienzos del 2015.[24] De hecho, en agosto de 2020 la zona euro entró en deflación.[25]

En concreto, hoy la FED, el BCE, el BOJ (Bank of Japan) y el BOE (Bank of England) tienen margen para lanzar un programa de estas características. Si tras el paso de la pandemia, la economía se recuperara rápidamente, el programa podría ser restringido para evitar presiones inflacionarias. También se podrían usar los mecanismos monetarios expuestos anteriormente. En el 2019, antes de la llegada del Covid-19, Europa tuvo un déficit fiscal de solo el 0.6% del PBI. Esto la colocó y la mantiene en una posición muy sólida frente a este tipo de herramientas. El Acta Humana podría impulsar el anémico crecimiento europeo reduciendo el descontento en países donde los jóvenes ven cada vez con más rechazo el proyecto europeo.

Veamos a continuación los principales proyectos en los que se podrían invertir los fondos del *Acta Humana*.

Decarbonization Deal

Las propuestas del *Green New Deal*, tan comentadas en estos días, no son más que una respuesta de la tecnocracia al cambio climático, que resulta costosa e ineficiente. Deja en manos de los burócratas y no del mercado las decisiones respecto a cómo reducir las emisiones. Está compuesto por decenas de programas, instrumentados por decenas de agencias estatales, a través de complejos mecanismos de subsidios y precios regulados.

El *Decarbonization Deal* es una alternativa muchísimo más sencilla, eficiente y no estatista al *Green New Deal*. En el capítulo sobre el *Ciclo de la Madre Naturaleza* hablamos sobre la eficacia del impuesto al carbono para minimizar las emisiones, y de cómo se podría aumentar el crecimiento económico y reducir la inequidad si lo recaudado se destina a bajar los aportes que pagan los trabajadores sobre sus salarios.[26] El *Decarbonization Deal* complementaría estos fondos para financiar una disminución de los gravámenes sobre las ventas, bajando los precios de los bienes y servicios y compensando el incremento de precios generado por el impuesto al carbono. Dado que los que menos ganan son los más impactados por el impuesto al consumo, la reducción de la inequidad sería significativa.

Este impuesto movilizaría importantes inversiones del sector privado para descarbonizar las actividades productivas y así poder reducir sus costos. El contexto de tasas bajas es el ideal para que las empresas hagan estas inversiones y se podrían financiar muy barato.

El informe de la organización Tax Foundation de 2019 muestra que si se destinara lo recaudado por un impuesto al carbono a reducir los tributos al trabajo, se podría mitigar la inequidad, aumentando el crecimiento económico, al mismo tiempo que las emisiones se ubicarían en 2030 entre un 30 y un 50% por debajo de los niveles de 2005.[27] Todo esto sin costo fiscal.

Si a los 1,87 billones que podría recaudar el impuesto al carbono en los Estados Unidos durante 10 años, se sumará 1 billón de dólares del *Acta Humana* en ese mismo periodo, se podría financiar una reducción del impuesto al consumo cobrado por los estados y gobiernos locales de un 20% durante ese decenio.[28] Esto podría provocar una caída de entre 1 y 2 puntos porcentuales en los precios finales de muchos bienes y servicios.

Las inversiones privadas y públicas para descarbonizar la economía, sumadas al aumento de los ingresos de los trabajadores por la reducción de impuestos al trabajo y a las ventas, producirían un boom económico muy significativo, al mismo tiempo que permitiría aumentar los ingresos de los que menos ganan.

El *Decarbonization Deal* debería incluir transferencias de fondos por parte de los países desarrollados para que los países en desarrollo puedan sobrellevar los efectos económicos de un impuesto al carbono. El criterio debería ser que las naciones que más contaminan, y que más contaminaron a lo largo de su desarrollo, sean los que más aporten. Estos fondos podrían estar atados a objetivos en términos institucionales y de transparencia para ayudar a promover la libertad.

Scientific Revolution Deal

Este programa prevé la inversión conjunta con el sector privado para generar una revolución científica sin precedentes. El modelo de colaboración funciona sobre necesidades que tiene el Estado como energía barata y limpia, computadoras cuánticas, tratamientos médicos efectivos y económicos, sistemas de transporte más sostenibles, viajes espaciales, nuevas formas de energía, materiales más eficientes, automatización y robótica. Todos estos desarrollos tienen un mercado potencial tanto en el sector privado como en el público.

Dado que los desarrollos pueden ser muy caros y riesgosos, el gobierno puede proveer parte de los fondos para el I+D de ciertas tecnologías, que de tener éxito podrían abaratar costos al propio Estado, como fue el caso de la cápsula de SpaceX. El sector privado comparte el riesgo con el gobierno, y este puede invertir en muchas empresas diferentes para el desarrollo de una misma tecnología, generando dinamismo y competencia entre ellas. Distinto es cuando el Estado financia todo el proceso de I+D, sin que el sector privado asuma ninguna contingencia. En ese modelo el "contratista" recibe fondos públicos por su trabajo, pero tiene menores incentivos para cumplir el objetivo, ya que independientemente de que lo logre o no, sigue cobrando mientras dure el programa.

Las tecnologías financiadas bajo esta modalidad mixta podrían ser la base sobre la que funcionarán las economías en las próximas décadas, abaratando costos tanto al sector privado como a los gobiernos. Dado que los nuevos desarrollos tecnológicos provocarán mayor crecimiento económico y mayor recaudación tributaria en las próximas décadas, el repago de los bonos implicaría solo un pequeño porcentaje de lo recaudado por impuestos a las ganancias y al consumo.

Esto no quiere decir que los gobiernos deban dejar la ciencia en manos del sector privado; al contrario, al ser más eficiente el gasto se podrían liberar fondos para que los organismos públicos, las universidades y otras instituciones puedan invertir más en ciencia básica, que es el fundamento sobre el que trabaja la ciencia aplicada. Los grupos y fondos privados no invierten porque, al no poder patentarse los descubrimientos de ciencia básica, estos no les producen beneficios económicos.

Infrastructure Deal

Este programa invertirá en la infraestructura necesaria para resolver la crisis de vivienda, reduciendo la inequidad, y al mismo tiempo preparando el sistema de transporte sobre el que funcionará nuestra economía y sociedad durante los próximos cien años. La meta no es que el Estado construya viviendas, sino generar las condiciones para que los privados hagan esas inversiones. Se trata de proyectos demasiado onerosos como para ser afrontados solo por los gobiernos regionales y municipales: trenes Hyperloop y de alta velocidad, subtes automáticos de levitación magnética, autopistas inteligentes, planes de forestación y manejo del agua; todos ellos requieren grandes inversiones.

Como vimos anteriormente, contar con medios de transporte más veloces permitirá que las personas vivan más lejos de los grandes centros urbanos, lo que contribuiría enormemente a solucionar el déficit habitacional. Las autopistas inteligentes equipadas con internet de las cosas favorecerán un mejor funcionamiento de los vehículos autónomos y todo un sistema logístico construido en torno a ellos. Los proyectos de forestación y reforestación permitirán generar a sus alrededores nuevas áreas verdes destinadas al desarrollo residencial. El manejo del agua es muy importante para la creación de ecosistemas saludables y habitables.

En el periodo de posguerra la masiva construcción de autopistas impulsó el desarrollo de los suburbios facilitando el acceso a la vivienda a millones de familias. Estas nuevas infraestructuras jugarán el mismo rol en el siglo XXI. Veremos una revitalización no solo de las áreas suburbanas sino también de las zonas rurales, y una mejora de la calidad de vida al permitir que las personas vivan en localidades más pequeñas, con más verde, pero a la vez conectadas a los grandes centros urbanos y de negocios. El Hyperloop podría ser la base de un renacer de las comunidades rurales y de las ciudades chicas en las próximas décadas.

Como ejemplo de los problemas que se podrían reducir y del retorno económico de estas inversiones, podemos citar un estudio de la empresa INRIX que afirma que solo en 2017 los embotellamientos de tránsito costaron a la economía norteamericana USD 305.000 millones de dólares, provocando que en ciudades como Los Ángeles sus habitantes pierdan 102 horas al año, un costo demasiado importante para la productividad de la economía y la salud.[29]

En síntesis, a partir de los tres programas mencionados se podría impulsar una exitosa transición hacia los nuevos ciclos humanos y generar crecimiento económico, revitalización de las comunidades y reducción de la inequidad en las próximas décadas.

Conclusión

Los *Pandemials* no esperarán tranquilamente que el gobierno les aporte soluciones: ¡lo exigirán de forma activa! Estas soluciones pueden ser financiadas no solo con el *Freedom QE*, sino con los billones que se podrían recuperar reduciendo ineficiencias en el gasto público, corrupción y evasión impositiva. El *Fredoom QE* es un shock temporal, pero en el largo plazo estas políticas deberán ser financiadas con impuestos y endeudamiento corriente. Si se les explica bien a los *Pandemials* las problemáticas de las décadas siguientes, ellos serían los principales impulsores de estas políticas ya que a ellos corresponde hacerse cargo de su futuro.

Los programas *Decarbonization Deal*, *Scientific Revolution Deal* e *Infraestructure Deal* comparten una característica fundamental: son soluciones no estatistas que buscan generar las condiciones para liberar todo el potencial del sector privado, por lo que tienen un efecto multiplicador sobre el crecimiento económico.

Estas inversiones no solo reactivarían la economía, sino que serían una muestra para los jóvenes y la población en general de que el Estado está preocupado por sus problemas. Son las infraestructuras e inversiones necesarias para impulsar una nueva era de desarrollo.

Estos desafíos se dan en medio de un proceso de desglobalización acrecentado por la pandemia. Muchos países podrían adoptar políticas proteccionistas, desatar guerras comerciales y de divisas, e imponer límites a la movilidad de personas, de capitales y hasta de información. El desempleo seguirá alto por algunos años, y la presión política por la desglobalización de la mano de gobiernos populistas podría ir en aumento.

Evitar esto requiere planes económicos activos, cooperación internacional e ideas pragmáticas. Estamos frente a una enorme oportunidad para reenfocar el QE tradicional y poner la política monetaria al servicio del progreso humano. Los billones de dólares que están emitiendo los bancos centrales podrían ser aplicados en cuestiones importantes para liberar a los ciudadanos y al planeta de muchos problemas graves. Programas relativamente chicos, del 1% o 2% del PBI, podrían hacer grandes diferencias sin riesgo inflacionario.

Los números de expansión del balance de los bancos centrales que podría provocar el *Freedom QE* no son altos en comparación con la expansión que han sufrido en el pasado, mucho menos en el contexto de una economía debilitada por la pandemia. El programa contribuiría a llevar la inflación a cifras más cercanas al 2% –el mandato que tienen muchos de los grandes bancos centrales–, meta que no se está logrando alcanzar con la política monetaria tradicional, y de hecho representa una oportunidad perdida. Los estímulos fiscales y monetarios deben durar hasta que se recuperen los niveles de empleo previos a la pandemia y los salarios más bajos comiencen a aumentar. Tras este periodo, algunos programas podrían continuar con recursos fiscales regulares.

De todas maneras, solo con el *Acta Humana* no será suficiente, simplemente es el shock inicial que necesita la economía en este particular momento. Se requiere simplificar el sistema tributario, bajar impuestos al consumo y al trabajo, eliminar, simplificar y aggiornar regulaciones, estimular la construcción de propiedades urbanas, e impulsar la oferta y reducción de los costos de la canasta de la meritocracia.

Descarbonizar la economía, promover la agricultura sustentable y las granjas verticales, y otras acciones y actitudes convergentes, nos ahorrarían billones de dólares en desastres ambientales y pandemias en las próximas décadas. Reducir impuestos al consumo y al trabajo, implementar o expandir el Earned Income Tax ahorraría miles de millones de dólares en programas asistencialistas para la población de menores recursos, subsidios de desempleo, impuestos no recaudados y problemas de salud asociados a la pobreza. Vimos anteriormente los retornos de invertir en ciencia y tecnología. Todos los argumentos económicos están a favor de destinar fondos a estas áreas. Y no hay nada de estatismo en estas políticas: los esquemas mediante los cuales se aplican promueven la libertad de los individuos, tanto en el corto como el largo plazo.

Otra forma de estimular el crecimiento global sería permitir un mayor movimiento entre países de personas que buscan trabajo. Diversos estudios afirman que si existiera libre migración, el PBI global podría duplicarse.[30] Una de los investigaciones más relevantes, realizada por el economista Michael Clemens del Center for Global Development en Washington D.C, cita diversas estimaciones que consideran que el PBI global podría ser entre un 67% y un 147% más alto.[31] Este estudio sostiene, además, que la libertad de movimiento podría aportar más beneficios que el libre comercio y la libre movilidad de capitales. Son números muy altos, y aunque el crecimiento potencial fuera solamente del 50% de estas estimaciones, el impacto sería enormemente positivo. Los trabajadores que emigran, al estar bajo instituciones inclusivas que garanticen la libertad y la propiedad, generan mucha mayor riqueza que en sus países de origen.

Segun un estudio de *The Lancet*, la población de Europa occidental podría caer de los actuales 432 millones a 374 millones en el año 2100. En algunos países como Italia, España, Japón o China la reducción demográfica podría alcanzar el 50%. En países como Alemania o Brasil podría ser superior al 20%. Estos países van a necesitar más inmigración para evitar la escasez de trabajadores que llevaría a crisis económicas y al colapso del sistema de seguridad social.[32]

Políticamente una apertura de estas características tendría muchos obstáculos, pero es la verdadera solución *altruista y humanamente responsable* si queremos un mundo integrado y con muy baja pobreza. Uno de los principios del liberalismo es que la libre movilidad es un derecho natural y no puede ser restringido a menos que haya una fuerte evidencia de que su ejercicio vulnera los derechos de otros. Una formulación común al respecto es que no hay ninguna distinción moral relevante en relación a si la migración ocurre dentro de los límites nacionales o entre diferentes países.

En 1944 en la Conferencia de Bretton Woods, New Hampshire, se decidió la creación del Banco Mundial y el FMI con el objetivo de otorgar estabilidad a la economía global. Ochenta años más tarde el mundo atravesó una pandemia sin ningún tipo de coordinación entre los países. Las lecciones aprendidas en el pasado parecen haber sido olvidadas. En un mundo marcado por la transición de los *Ciclos Humanos*, el bajo crecimiento económico global es algo que no se pueden permitir los gobiernos, porque resulta socialmente desestabilizante. Se debe recurrir al pensamiento pragmático y a nuevas soluciones que aporten el shock económico que se necesita para atravesar con éxito la *Década de las Turbulencias*.

PARTE 3

LIBERALISMO

"El socialismo necesita derribar la riqueza; el liberalismo busca elevar la pobreza. El socialismo destruiría los intereses privados, el liberalismo los preservaría [...] reconciliándolos con el derecho público. El socialismo mataría a la empresa; el liberalismo rescataría a la empresa de los obstáculos del privilegio y la preferencia. El socialismo ataca la preeminencia del individuo; el liberalismo busca construir un estándar mínimo para la masa. El socialismo exalta la regla; el liberalismo exalta al hombre. El socialismo ataca al capitalismo; el liberalismo ataca el monopolio."

Winston S. Churchill

LIBERALISMO EN CRISIS

"Pagaremos cualquier precio, soportaremos cualquier carga, enfrentaremos cualquier dificultad, apoyaremos a cualquier amigo, nos opondremos a cualquier enemigo para asegurar la supervivencia y el éxito de la libertad"

John F. Kennedy
(20 de enero de 1961)

De Manhattan a Berlín

El miércoles 7 de diciembre de 1988, Mikhail Gorbachov recorre Manhattan durante 75 minutos pasando por lugares icónicos como Wall Street, la Quinta Avenida, Times Square y Bloomingdale's. A bordo de su limusina, en medio de una caravana de 45 vehículos, es ovacionado en las calles como si se tratara de un *rockstar*. A lo largo del recorrido, se baja dos veces del automóvil y saluda al afectuoso público que grita "Gorby, Gorby". En Times Square se ilumina un enorme cartel donde se lee: "Welcome, General Secretary Gorbachov".[1]

Más temprano ese día, el líder soviético ha dado un importante mensaje en la ONU en el que deja de lado muchos de los principios opresivos del comunismo, y habla de la libertad individual y los derechos civiles. Bajo esta nueva doctrina la Unión Soviética abandona el uso de la fuerza para resolver conflictos internacionales y reduce de forma unilateral el tamaño de su ejército en más de medio millón de combatientes (10% del total).[2]

Gorbachov sabe que su país está quebrado. Mantener el imperio resulta caro. El altísimo gasto en defensa y la baja del precio del petróleo ponen las cuentas públicas en una situación aún más complicada. Según Victor Sebestyen, autor de *Revolution 1989*, Gorbachov y algunos de sus aliados creen que no es necesario mantener los Estados satélites si esto implica hacerlo por la fuerza. Su objetivo es poder preservar el comunismo en la Unión Soviética, aunque para ello deba sacrificar el imperio. Imagina que los países de Europa del Este se mantendrán aliados a los soviéticos, en una especie de Commonwealth socialista.[3]

Pero sus cálculos resultaron errados. Probablemente los cánticos de "Gorby, Gorby" durante sus viajes le hicieron pensar que las personas de Europa del Este apoyaban el comunismo, cuando al que apoyaban era a un líder que inició un proceso de mayor libertad. El modelo comunista ha demostrado que solo funciona bajo la fuerza de las armas. Tras esta muestra de debilidad de los soviéticos, comenzó el derrumbe del imperio. La caída del comunismo era inevitable, el gran aporte de Gorbachov fue haber evitado el derramamiento de sangre y lo que podría haber sido una guerra civil. Es por eso que mereció el Premio Nobel de la Paz en 1990.

El punto cúlmine de este proceso ocurrió el jueves 9 de noviembre de 1989, con lo que probablemente haya sido el error administrativo más grande de la historia, y derivó en la caída del Muro de Berlín. Ese día el gobierno de Alemania del Este había decidido impulsar un sistema de "visas" para que algunas personas pudieran pasar de forma legal a Alemania Occidental, y así impedir las migraciones clandestinas a través de Checoslovaquia. De ninguna manera esto constituía una apertura de la frontera. El oficial Günter Schabowski estaba a cargo de la conferencia de prensa diaria donde se comunicaban novedades de gobierno. Hacia el final anunció de forma poco clara y sin muchos detalles que los ciudadanos podrían cruzar a Alemania Occidental por cualquiera de los puestos fronterizos. Ante la pregunta del periodista Tom Brokaw de la NBC, respecto a cuándo entraría en vigencia la reglamentación, el funcionario contestó: "Inmediatamente". En una entrevista en exclusiva -en vivo– tras la finalización de la conferencia, Brokaw preguntó si era posible que la gente cruzara a través del Muro, a lo que Schabowski respondió que "era posible que cruzaran la frontera".[4]

A los pocos minutos las cadenas de televisión del mundo y de Alemania Occidental (que muchos en el Este veían) comenzaron a transmitir noticias respecto a que era un día histórico porque Alemania del Este estaba abriendo sus fronteras.[5] Muchas personas comenzaron a juntarse en los puestos de control en ambos lados del Muro. En Alemania del Este los guardias respondieron que no era posible cruzar porque se necesitaba una visa, a lo que las cientos de personas en el lugar reaccionaron pidiendo a gritos que los dejaran pasar al otro lado del Muro. Llegó el punto en que los guardias debieron decidir entre usar la fuerza para contener a la multitud o permitirles atravesar el Muro. Fue el teniente coronel Harald Jaeger quien, desobedeciendo a sus superiores, ordenó a los soldados que se abrieran a un costado y liberaran el paso.[6] Del otro lado del Muro los esperaban con abrazos, champagne y la alegría incontenible de un pueblo que volvía a estar unido. Fue un triunfo del amor y de la libertad.

El liberalismo tras la caída del Muro

La caída del muro de Berlín en 1989 marcó el triunfo de la libertad y del modelo liberal en el mundo. Esta apertura supuso que la Guerra Fría estaba acabada, y que el colapso de la URSS era solo una cuestión de tiempo. Para los gobiernos liberales, y en especial para los Estados Unidos, esto implicaba enormes nuevos desafíos. ¿Cuál sería el próximo gran objetivo después de un triunfo de tal magnitud?

La Guerra Fría había guiado la política del gobierno norteamericano en todas las áreas. Con ello se buscó hacer crecer la clase media, y por esa vía alejarla de la ideología socialista. Estados Unidos invirtió en ciencia y tecnología para tener superioridad militar. Destinó ingentes recursos a infraestructura para tener una mejor movilidad dentro del país en caso de un conflicto bélico. Promovió la educación universitaria para generar los profesionales necesarios para la competencia militar y tecnológica contra los soviéticos. La rivalidad alcanzó todas las esferas posibles, desde la carrera espacial hasta los Juegos Olímpicos. El comunismo era cosa seria: en 1980 había llegado a controlar el 35% de la población mundial.[7] De todos modos, hacia mediados de esa década ya era evidente que el modelo colapsaría por la crisis económica.

Con la Guerra Fría ganada, y siendo los Estados Unidos y los gobiernos liberales los triunfadores, se imponía redefinir los objetivos. Esta falta de un norte se dio en un momento mundial muy complicado, no solo por el agotamiento de los ciclos humanos sobre los que hablamos anteriormente. Tras el fin de la Guerra Fría los gobiernos liberales tampoco han logrado resolver los problemas de las clases medias, y en especial los de los más jóvenes. No pudieron hacerlo por la falta de pragmatismo en sus políticas, por no haber atacado el problema de los costos de la *canasta de la meritocracia*, y en lugar de eso, haber buscado soluciones "burocráticas" que terminaron resultando costosas e inefectivas.

Este tipo de pensamiento e incapacidad de proporcionar respuestas prácticas y efectivas se debe al crecimiento del poder de los tecnócratas. Este grupo social trabaja relativamente bien cuando hay un propósito concreto y todo el aparato gubernamental se encolumna bajo esa misma finalidad, pero se vuelve ineficiente cuando no hay objetivos claros. En los años 2020 sucede algo similar a lo ocurrido en los años 80: el Sistema está paralizado y nada indica que sea capaz de ofrecer las soluciones que necesitan los más jóvenes si se quiere evitar que la *Rebelión de los Pandemials* nos conduzca al populismo.

El problema con la tecnocracia es que cooptó por completo al liberalismo, monopolizando sus ideas, y lo distanció de la gente común, en especial de las nuevas generaciones que no se resignan a que les roben su futuro. Una ideología que se caracterizó por el pragmatismo en el enfoque y por la innovación, hoy ataca los desafíos con las mismas políticas estatistas y burocráticas. La respuesta parece ser siempre la misma: más deuda, más gasto, más intervención.

Los tecnócratas y su fundamentalismo de ideas y formas de accionar son los responsables de que los jóvenes asocien el liberalismo al *statu quo* actual, a las regulaciones, a la falta de empatía y a la protección de los intereses de ciertos grupos sociales. La incapacidad de generar identificación y sentido de pertenencia, se da en el contexto de la destrucción de las comunidades, de los ritos y de varias epidemias (coronavirus, soledad, incertidumbre), en el momento en que las personas más necesitan "pertenecer".

Los populismos están en crecimiento porque dan sentido de pertenencia a quienes se sienten abandonados, a quienes se sienten solos, a quienes no tienen un ideal por el cual luchar. En un mundo en crisis, donde muchos están desempleados, ven sus ingresos estancados, que la vida es rutinaria y que sus líderes son personas alejadas de sus necesidades, los populismos ofrecen una respuesta. Le dan a la población un líder paternalista, un Estado que promete cuidarlos, le dan enemigos contra quienes luchar, le dan responsables a quienes culpar de sus desgracias.

Para el demócrata Bernie Sanders esos enemigos son los ricos y las corporaciones. Para Donald Trump son los inmigrantes, los medios de comunicación independientes o alguna nación extranjera. Para Jair Bolsonaro, la prensa, la izquierda y hasta los homosexuales. Para Nicolás Maduro, Evo Morales y el kirchnerismo, la derecha golpista y los empresarios. Todos estos líderes tienen en común la mentira permanente, la negación de la realidad, el ocultamiento de información, así como la intención de controlar todos los poderes del Estado e instituciones de la sociedad civil.

¿Y qué hay de este lado? ¿Qué ofrecemos los liberales a esas personas con trabajos precarios y a esos jóvenes sin futuro? En principio, estabilidad económica, prudencia fiscal, mejoras graduales en el ingreso, mejoras graduales en los servicios públicos, mejoras graduales en la educación, defensa de las instituciones y el orden establecido. Esta infraestructura suena bastante "egoísta" para aquéllos que tienen necesidades inmediatas y es lógico que se sientan abandonados por políticos de todo el espectro y excluidos del Sistema. Era así antes de la pandemia, y lo es aún más ahora.

Los liberales resultaban más encantadores en la década de 1980 cuando todavía tenían contra quien pelear. Peleaban para bajar los impuestos, peleaban para desregular la economía, para achicar el Estado y sobre todo peleaban por la libertad y en contra del comunismo. Ese fue el discurso y el encanto que hizo de las gestiones de Margaret Thatcher[8] y de Ronald Reagan[9] gobiernos exitosos, valorados y muy bien recordados por las mayorías que los votaron en sus respectivos países. Ambos fueron estadistas que lograron objetivos concretos como reactivar la economía, reducir la carga impositiva y la inflación, y sacar del campo de juego al comunismo. No solo fueron eficientes en sus políticas, también en la forma en que las comunicaron.

Pragmatismo liberal

Un liberal pragmático debería querer bajar los impuestos con la misma pasión que Donald Trump, y al mismo tiempo proponer simplificar el sistema tributario eliminando excepciones y haciéndolo más equitativo. Debería resolver la inequidad no con regulaciones y más gasto público, sino reduciendo gravámenes al consumo y al trabajo que afectan a los que menos ganan; y sobre todo, ampliando la oferta de viviendas, educación y salud que requiere la clase media. Debería impulsar el Earned Income Tax para aumentar los ingresos de los que menos ganan y a la vez promover el trabajo y la dignidad. Debería desregular la economía para que el sector privado pueda desplegar su potencial generando empleo e incrementando la oferta. Debería establecer un impuesto a las emisiones de CO2, en lugar de complejos sistemas de subsidios y regulaciones ambientales costosas. Debería fomentar las escuelas charter para mejorar la educación en un marco de libertad. Debería invertir en ciencia y tecnología para competir contra China, de la misma forma que en su momento se hizo contra la Unión Soviética. Debería apoyar los acuerdos de libre comercio con otras democracias liberales. Debería generar la suficiente empatía y pasión por sus propuestas para tener el apoyo social necesario para enfrentar a la tecnocracia y hacer sus políticas realidad.

También debería hablarles a los jóvenes de lo que nadie les habla: advertirles que si el Sistema sigue por este camino, ellos quedan sin futuro; decirles que así nunca tendrán un patrimonio, y que la respuesta no se las dará el Estado ni el populismo, la única posibilidad es usar lo mejor de un Sistema que permitió reducir la pobreza extrema del 70% al 8% de la población global en los últimos 120 años.[10] La respuesta liberal a los problemas nada tiene que ver con la tecnocracia; tiene que ver con valores mucho más profundos como la fe en el progreso y la meritocracia, y con líneas de acción mucho más pragmáticas y dinámicas.

El vacío comunicacional

La "tibieza" con la que comunican sus políticas los gobiernos liberales los está haciendo perder sus fortalezas. Los populismos de derecha son los abanderados de la baja de impuestos, la izquierda está asociada a la reducción de la inequidad, los partidos verdes a la lucha contra el cambio climático. Lo más grave es que la batalla contra los "tecnócratas" queda en manos de los populismos, que son percibidos como "no tecnocráticos". Esto les da un aire de renovación frente a los votantes y la apariencia der ser los portadores del cambio; sus líderes serían quienes vienen a romper con el sistema imperante, aunque en la práctica sean incapaces de articular políticas sólidas o poder controlar el aparato estatal. Esto pone al liberalismo en una situación compleja: "estabilidad", "conocimiento" y "más de las mismas soluciones" no flamean como banderas atractivas para los más jóvenes y los que quedaron rezagados por la globalización.

Tecnocracia, el nacimiento de una noción

Con el enorme crecimiento del Estado tras la Segunda Guerra Mundial comenzó a emerger una nueva clase social –la tecnocracia– conformada por personas con conocimiento científico o técnico sobre determinadas áreas de gobierno. Este estamento es el encargado de hacer funciônar el aparato estatal y diseñar las normas mediante las cuales se regula la economía y la sociedad. La tecnocracia funciona como un ecosistema cerrado, como una gran corporación.

No solo los gobernantes y los que manejan el Estado son tecnócratas; a ellos se le suman CEOs y directores de grandes empresas, asesores, abogados, lobistas, representantes de universidades y de algunos medios de comunicación, entre otros puestos de poder. En conjunto, componen una clase social independiente. Por lo general sus integrantes se formaron en las mismas universidades, y desde jóvenes han sido preparados para sobrevivir en el Sistema, para operar dentro de los límites preestablecidos, para obtener los mejores beneficios y autorreprimir cualquier impulso de pensamiento disruptivo.

Pertenecer a la tecnocracia no se vincula con tener o no educación formal. Hay personas con mucho conocimiento científico y técnico, egresados de grandes universidades, que no son tecnócratas. Está más relacionado con la incapacidad de pensar de forma independiente, sin restricciones y poder expresarlo. Es útil una cierta dosis de tecnócratas en el gobierno, ayudan a mantener la estabilidad, transmitir conocimientos y preservar cierta línea de continuidad, evitando que todo sea un caos. El problema es cuando constituyen el único eslabón con espacios de poder dentro del Sistema.

Este grupo vive desconectado del resto de la sociedad: salas VIP, autos con chofer y poca interacción social, con modelos teóricos que funcionan en el Excel pero son difíciles y costosos de implementar. Para esta clase toda opinión que no provenga de los tecnócratas especialistas es desechada. Buscan el pensamiento uniforme y que se origine dentro del ecosistema. Anhelan un gobierno federal fuerte que se imponga sobre las regiones y municipios. Pretenden que nada escape a su poder. El problema radica en que, a pesar suyo, están creando un sistema estático, poco pragmático, complejo, con regulaciones y normativas que son incomprensibles para la mayoría de las personas. Las normas que crean los tecnócratas respetan una serie de condiciones: cumplir todas las regulaciones existentes, satisfacer a todas las agencias estatales involucradas, dejar contentos a los grupos empresariales con suficiente poder de *lobby*, y asegurarse que los mismos tecnócratas sean imprescindibles en el control de estas normas. Aquí, en este punto, es donde surge la tremenda complejidad de las regulaciones, de la que emerge su poder como grupo social. Es lo que los vuelve indispensables en el funcionamiento del leviatán gubernamental.

El agotamiento –y rechazo– de los ciudadanos ante los políticos tecnocráticos se refleja en las urnas. Hillary Clinton perdió la elección de 2016 por ser una tecnócrata del *establishment*. Esta es también una de las principales debilidades del demócrata Joe Biden. Superar esta percepción será un desafío para muchos presidentes europeos que buscarán su reelección en los próximos años en un contexto de debilidad económica.

Complejidad, costos y regulaciones

¿Cómo justifican los tecnócratas del gobierno norteamericano que el Código Fiscal haya crecido de 1.000 páginas en la década de 1930 a 70.000 en la actualidad?[11] ¿Cómo justifican los funcionarios del gobierno de Obama una reforma de salud que contiene 20.000 páginas y que creó 159 agencias federales, comités y programas para aplicarla?[12] ¿Cómo hacen las empresas en Brasil para financiar las 2.000 horas al año que necesitan para preparar sus liquidaciones de impuestos?[13] Toda esta complejidad tiene costos. La reforma sanitaria de Obama fue un completo fracaso en cuanto a la reducción de los costos de la salud.[14] Las regulaciones cuestan a la economía norteamericana el 12% del PBI al año.[15] ¿Cómo puede sentirse el ciudadano medio parte de un Sistema que le resulta imposible comprender y utilizar?

Solo las grandes empresas y los ricos pueden contratar el ejército de abogados y especialistas en impuestos que se necesitan para aprovechar los beneficios de este complejo sistema. En la letra chica de estas regulaciones se esconde la forma de pagar menos impuestos, y disposiciones hechas a medida para los sectores con suficiente poder de lobby. Los multimillonarios bien asesorados seguramente lograran pagar una tasa impositiva menor que la de sus empleados. Pero el problema no son los ricos y las empresas, ellos buscan simplemente aumentar sus beneficios haciendo uso de las herramientas legales que provee del Sistema. El problema son los políticos y la tecnocracia que protegen este complejo engranaje que limita los derechos ciudadanos.

Lo mismo sucede con los mercados laborales muy rígidos y con salarios mínimos relativamente altos: generan poca movilidad laboral y una menor creación de empleos. En Europa, donde las leyes laborales son más estrictas, el desempleo suele ser entre 3 y 4 puntos más alto que en los Estados Unidos, lo que provoca mayores costos para el Estado y para la sociedad.[16] Esta complejidad y exceso de regulaciones impide el ingreso de trabajadores jóvenes al sistema laboral, lo cual queda reflejado en las altas tasas de desempleo juvenil y es un factor que contribuye a la *Rebelión de los Pandemials*.

Otro ejemplo es el mercado de alquileres, donde hay leyes que vuelven difícil desalojar a un inquilino que no paga. En consecuencia, los propietarios terminan exigiéndoles mayores garantías, y esto solo beneficia a quienes tienen mayores ingresos y cuentan con avales más sólidos. En muchos países en vías de desarrollo hay personas que aun pudiendo pagar un alquiler en una zona residencial, viven en asentamientos precarios sin los servicios básicos, debido a que no pueden ofrecer las garantías necesarias. Todas estas regulaciones generan más desempleo, mayor costo de bienes y servicios, mayor costo de alquileres, y otros problemas que terminan afectando en mayor proporción a los sectores de menores ingresos.

Esta complejidad del Sistema se debe a que el Estado tiene pocos generalistas y pocas personas con sentido común. Hay una carencia de enfoque holístico. Cuando se forman grupos de trabajo más diversos, con diferentes *backgrounds*, el pensamiento se enriquece y se logran diseñar políticas más sencillas y eficientes. Se requiere volver a conectar el servicio civil con el país al que sirve, descentralizar la toma de decisiones y ampliar el tipo de profesionales que se reclutan. El Sistema debe ser simple y accesible a los ciudadanos. Debe admitir pluralidad de pensamiento. Walter Lippmann decía que "cuando todos piensan igual es porque ninguno está pensando". La información debe ser la base de la toma de decisiones, pero los datos deben ser usados con pragmatismo, creatividad, sentido solidario y con el foco puesto en la simplicidad del sistema. La complejidad mantiene privilegios para unos pocos, lo cual limita la libertad de aquellos ciudadanos que no tienen los recursos para manejarse dentro del leviatán.

El lobby

Parte central del problema de la complejidad de las leyes, regulaciones y códigos tributarios radica en el poder de los lobbies. Estos representantes de los grupos empresariales se han introducido muy fuerte dentro de la estructura gubernamental, tanto de regímenes populistas como liberales. Están más asociados a los gobiernos liberales y conservadores, aunque en la práctica son igual o más poderosos dentro de los populismos de izquierda.

El poder de estos grupos se desprende de la complejidad del Sistema, porque si este fuera sencillo e igual para todos, los lobistas no tendrían mucho para hacer. Bien utilizado, su aporte sirve para informar a quienes dictan las leyes y las normas respecto al impacto sobre sus sectores, así como para formular recomendaciones y compartir puntos de vista. El problema es que su rol está distorsionado, sobredimensionado y se usa solo para beneficios sectoriales.

Los lobistas conocen perfectamente el mundo de la tecnocracia, saben surfear en el mar de regulaciones con sus grandes equipos de abogados, y tienen línea directa con la mayoría de los políticos a cambio de generosos aportes a las campañas electorales. Algunos lobbies muy poderosos, como los de las empresas energéticas, los laboratorios, los fabricantes de armamento y los bancos, llegan a corromper las instituciones. Por ejemplo, las empresas energéticas hacen un fuerte lobby para que los gobiernos no introduzcan un impuesto al carbono y para frenar legislaciones ambientales que impulsan las energías limpias; los laboratorios, para proteger los precios altos de los medicamentos y negociar mejores contratos con los organismos públicos; las empresas de armamentos, para ganar enormes contratos de ventas de armas a precios exorbitantes. Los bancos lo hicieron antes de la crisis de 2008 para tener menores requisitos de capital y así poder incrementar sus ganancias, aumentando el riesgo sistémico. Todas estos "beneficios" cuestan a la economía global miles de millones de dólares al año bajo la forma de reducción de las ventajas de la libertad económica,[17] sobreprecios a los consumidores, ralentización del cambio tecnológico, malgasto en compras públicas, así como exenciones impositivas que no corresponden.

La pandemia y los autoritarismos

El lunes 30 de marzo del 2020, en pleno auge del Covid-19, el Parlamento húngaro otorgó al primer ministro la facultad de suspender cualquier ley existente e implementar nuevas leyes por decreto, sin escrutinio por parte del Poder Legislativo ni del Poder Judicial.[18] En China, en el marco de una campaña para ocultar el verdadero alcance del virus, y mediante un férreo control sobre la población a través de la supervigilancia electrónica, el empresario Ren Zhiqiang desapareció tras decir públicamente que el presidente Xi Jingpin era un payaso hambriento de poder.[19] En Brasil el presidente Jair Bolsonaro encabezó una marcha a favor del cierre del Congreso.[20] En Argentina el Poder Ejecutivo emprendió un avance sin precedentes sobre las libertades individuales y el Poder Judicial.[21] Donald Trump sugirió que el gobierno federal no debería ayudar a estados gobernados por demócratas.[22] La pandemia ha sido una oportunidad única para los populismos, no solo para avanzar sobre la libertad y la privacidad de los individuos, sino también para destruir las instituciones de la sociedad civil e intentar –como decía el filósofo Mario Bunge– eliminar todo lo que se interponga entre el individuo y el Estado.[23]

Los populismos han intentado imponer el dilema "es la salud o es la economía", del mismo modo que han intentado imponer "es la ecología o la economía". No es así, ¡es la salud y la economía!, ¡es el medio ambiente y la economía! No hay estrategia económica contra el Covid-19 sin estrategia sanitaria; así como no hay estrategia sanitaria sin una económica. Ambas van de la mano.

En contraposición al populismo, el gobierno de Angela Merkel respondió a la pandemia de forma exitosa acudiendo a la responsabilidad individual de los ciudadanos, utilizando datos científicos y comunicándolos a la población, resaltando la importancia de la prensa libre y haciendo un llamado a la solidaridad y la razón. Junto con el presidente Emmanuel Macron impulsaron un plan por 750.000 millones de euros para ayudar a países de la Unión Europea a recuperarse de la crisis.[24] Esta es la actitud correcta frente a la emergencia sanitaria, en contraposición a los países que eligieron aislarse, cerrarse y mentir.

Al comienzo de la pandemia, el vicegobernador de Texas Dan Patrick, llegó al extremo de sugerir que las personas mayores como él deberían aceptar el riesgo de morir por el Covid-19 para el beneficio del conjunto de la población y así no empeorar la economía. Al día siguiente aclaró: "Hay cosas más importantes que vivir. Y eso es salvar nuestro país para nuestros hijos y nietos, y salvarlo para todos nosotros".[25] La realidad es que la estrategia sanitaria de cada gobierno es un tema difícil de analizar. Hubo argumentos muy sólidos a favor de una cuarentena estricta, así como los hubo a favor de solamente resguardar los grupos de riesgo y permitir que se infecten gradualmente los más jóvenes –en su mayoría asintomáticos– para generar inmunidad de rebaño. Un altísimo porcentaje de las muertes por Covid ocurrieron en los geriátricos, lo que expone una falla de muchos gobiernos para proteger al grupo etario de mayor riesgo. La mejor estrategia es un balance entre el costo económico, social y sanitario. El aumento de la pobreza, la interrupción de tratamientos médicos de otras patologías, las quiebras de empresas, el desempleo, el incremento de casos de depresión y otros problemas deben ser cuantificados. En África la interrupción de tratamientos contra la tuberculosis podría causar 1,4 millones de muertos entre el 2020 y el 2025.[26] La pandemia fue una oportunidad perdida para revalorizar el rol de los jóvenes. En esta guerra contra el virus, ellos podrían haber sido la cara del *We can do it!*. La evidencia científica dice que la mortalidad entre personas de menos de 50 años que no tienen antecedentes de salud es muy baja, por lo que el riesgo estaba justificado.[27]

A diferencia de la estrategia sanitaria, sí podemos analizar los aspectos institucionales. Cerrar el parlamento o gobernar por decreto en medio de la crisis sienta un precedente preocupante de cara al futuro. Esta vez la excusa fue la pandemia; la próxima puede ser un "autogolpe de Estado" como muchos creen hizo el líder turco Recep Tayyip Erdoğan en 2016. Otros argumentos para otorgar superpoderes a un presidente podrían ser la debacle económica, como sucedió en Argentina tras la crisis del 2001, o el conflicto con una potencia extranjera. Lo mismo sucede respecto al *lockdown* forzoso que se impuso en algunos países. Los gobiernos pueden pedirnos que nos quedemos en nuestras casas apelando a la responsabilidad individual, pueden prohibirnos acercarnos a zonas con grupos de riesgo, pero no pueden impedirnos salir de nuestros hogares, porque eso atenta contra la libertad. El avance sobre la privacidad del individuo ha sido excesivo: desde cámaras de reconocimiento facial y acceso a la localización de los teléfonos, hasta la obtención de datos médicos, historiales de consumos con medios de pagos digitales y redes sociales. Algunas de estas tecnologías fueron eficientes para combatir al terrorismo, pero son muy peligrosas en manos de los populismos y avaladas por la población por el "miedo" generado por el virus.

Terminada la pandemia, tendremos dos grupos de países. Aquéllos que se mantuvieron abiertos a la globalización y al mundo, enfrentando la situación con responsabilidad individual, libertad, ciencia y democracia. Y aquéllos que se cerraron y volvieron más autoritarios. La reacción inicial frente a la emergencia dice mucho sobre cómo será el enfoque de los gobiernos y de la sociedad de cada país durante la *Década de las Turbulencias* que se avecina y los enormes desafíos que implica la transición hacia los nuevos ciclos humanos.

Por un nuevo liberalismo

En el artículo *A manifesto for renewing liberalism*, el semanario británico *The Economist* advierte sobre una sublevación global contra las elites liberales, a las que se considera egoístas, incapaces o no dispuestas a resolver los problemas de la gente común. Define el liberalismo como un compromiso en favor de la dignidad individual, los mercados abiertos, el tamaño limitado del gobierno y la fe en el progreso humano producto del debate y la reforma. Para el liberalismo la idea de progreso nada tiene que ver con el progresismo de izquierda, ni con el ultraliberalismo.[28]

El liberalismo exalta al individuo por lo que solo funciona en un contexto de instituciones sólidas de la sociedad civil, necesita de comunidades fuertes y vibrantes, lo contrario al populismo que busca destruir las comunidades, dejar solo al individuo, y que este caiga en las manos del Estado, o en ámbitos controlados por el mismo estado. Es por eso que la destrucción de las comunidades sobre las que hablamos anteriormente es tan preocupante. El otro factor que ayuda a los populismos de derecha es que entre sus votantes –que suelen ser de mayor edad– se mantienen ciertos ritos, como el de ir a votar y participar en política, algo que no sucede entre los más jóvenes.

La *Rebelión de los Pandemials* podría ser la fuerza que revitalice al liberalismo. El dinamismo de los ciclos humanos es lo que los liberales deben comprender para poder canalizar la rebelión hacia más libertad y prosperidad económica y social. De esta unión podría emerger un liberalismo más práctico, con más sentido común y con enfoques más similares a los de las empresas de internet para resolver los problemas. Los *startups* tecnológicos enfrentan los contratiempos en base a la información del Big Data, y a nuevos modelos de negocios que pueden o no tener que ver con los preexistentes. Trabajan sin condicionamientos y buscando soluciones simples que no requieran mucha interacción humana. Esta es la perspectiva que necesitan los gobiernos.

El otro gran desafío de los gobiernos liberales es la *ralentización de la globalización*, que la pandemia ha transformado en un proceso de desglobalización. Las mayores libertades individuales, junto con la tecnología y la globalización, han permitido reducir la pobreza extrema como nunca antes en la historia. Este proceso que benefició principalmente a los habitantes de los países emergentes está en retroceso. Acuerdos de libre comercio que quedaron inconclusos con la llegada de Donald Trump al poder –como el Transpacífico y el proyectado entre los Estados Unidos y la Unión Europea– podrían impulsar no solo el crecimiento de esas regiones, sino también la economía global.[29]

Enamorados del poder

Durante las últimas décadas el liberalismo se ha acostumbrado demasiado al poder. Se siente demasiado cómodo con él y como consecuencia perdió el impulso para hacer reformas. Se ha vuelto más conservador, cuando su esencia nada tiene que ver con esa corriente. Los estadistas liberales han sido reemplazados por políticos tecnócratas. El estadista tiene una visión de largo plazo sobre lo que considera bueno para el país, y logra motivar y unir a la población en pos de alcanzar un objetivo. El político tecnócrata sigue un manual, carece de creatividad e intuición. Su campaña la hace un experto en marketing, que se guía por las encuestas y los *focus groups*. Sus ideas las escriben los redactores tecnócratas de su equipo. Su rol se reduce a sonreír, leer los discursos escritos por otros y seguir un manual.

Esta ideología que ha sido pionera en defender causas como el derecho al voto, los derechos civiles, el derecho a una adecuada calidad de vida, el matrimonio igualitario y los derechos de las mujeres, entre otras cuestiones inherentes a los cambios en la sociedad, debe volver a tomar la iniciativa.

Para lograr reinventarse, el liberalismo necesita de una nueva generación de estadistas que prioricen factores humanos a la par de los coyunturales. Necesita dejar de estar a la defensiva y pasar a estar al frente de la agenda pública. Imponer agenda y promover debates con pragmatismo e ideas nuevas. El futuro necesita del espíritu disruptivo, valiente y empático de los *Pandemials*, y la grandeza de los viejos liberales.

CONCLUSIÓN

"Caminando en línea recta no puede uno llegar muy lejos."
Antoine de Saint-Exupéry, *El Principito*

En 1776 Thomas Jefferson escribió en la Declaración de la Independencia de los Estados Unidos que todos los hombres tienen derecho a "la vida, la libertad y la búsqueda de la felicidad". Ese texto fue la base de las constituciones liberales de muchos países y resume muy bien por lo que luchamos en mayor o menor medida a lo largo de nuestra existencia. Al final de cuentas, todo se trata sobre eso: la felicidad.

La felicidad es un concepto muy amplio. Incluye la vida y la libertad. Incluye el progreso y los afectos. Quien no progresa es difícil que sea feliz, haya nacido con mucho o con poco. La meritocracia está en el centro de esta cuestión, así como lo está la recomposición de nuestros vínculos reales. Que las personas pasen cada vez menos tiempo interactuando de forma presencial con sus comunidades, amigos y familia es la muestra de que el mundo se ha vuelto un lugar frente al cual muchos prefieren estar recluidos.

Quienes creen en la reencarnación sostienen que todos volvemos a la vida para aprender algo y que si no lo hacemos, repetiremos ese error en futuras reencarnaciones hasta que comprendamos la lección y finalmente podamos evolucionar. Lo mismo sucede con las sociedades y los países: cuando no aprenden de sus errores involucionan, y cuando aprenden progresan.

Solo tuvieron éxito los que aprendieron de sus errores. Estados Unidos supo hacerlo tras el periodo de alta inequidad y corrupción de la Gilded Age (1870-1900) y después pudo iniciar la Progressive Era (1900-1920). Lo entendió –de forma tardía– después de la gran crisis de 1930 con algunas de las políticas del *New Deal*, y volvió a hacerlo en el periodo de posguerra con el Estado de Bienestar. También lo hizo con la revolución conservadora de Reagan para superar las dificultades económicas de fines de los 70. Desde ese momento no ha hecho un nuevo giro, pero no tengo dudas que el país lo logrará: a lo largo de toda su historia ha mostrado un alto nivel de flexibilidad para superar sus problemas. Estados Unidos es un país moralista, en el cual el sentido de orgullo por la identidad nacional para muchos se basa en la idea de que las instituciones estadounidenses son esencialmente justas. Al ser tan evidente que esto no es real, sus ciudadanos forzarán un cambio durante esta década.

Al terminar la Segunda Guerra Mundial, Europa comprendió el riesgo de un continente dividido. Inició el camino de la integración –que posteriormente se materializaría en la Unión Europea– e instrumentó una nueva forma de Estado de Bienestar con su efectivo sistema de *pre distribución*. Dio un paso más con la adopción del euro, y poco a poco incorporó más miembros.

Pero su sistema es mucho más rígido que el de los Estados Unidos. Las políticas públicas de los países de la Unión Europea están sometidas a las limitaciones que impone Bruselas, por lo que la transición de los ciclos puede resultar mucho más difícil en el viejo continente. Durante la década de 2020, en un contexto de dificultades económicas, el riesgo de ruptura del bloque estará latente en países como Italia o regiones como Cataluña. En este contexto Reino Unido, tras el impacto inicial del Brexit –y en contra de lo que opinan muchos analistas– podría quedar mejor posicionado y con la flexibilidad necesaria para encarar el complejo periodo que se avecina. No solo tiene una política monetaria y fiscal independiente de las normas de la Unión

Europea, sino que no está sujeta a la burocracia de Bruselas, lo que le permite reducir regulaciones y le brinda un mayor margen para cerrar acuerdos comerciales de forma autónoma con naciones como Estados Unidos o China.

En los países que no aprendieron de sus errores las consecuencias son devastadoras. Argentina habiendo sido una de las economías más ricas del mundo a principios del siglo XX y manteniéndose entre los primeros lugares hasta la década de 1960, no aprendió de sus errores. A primera vista parecería ser poco probable que encuentre la capacidad de adaptación que requieren estos tiempos turbulentos. Sin embargo, está muy avanzada en el ciclo populista, la economía está implosionando y el rechazo al populismo es cada vez más generalizado. De allí surge una luz de esperanza.

La demanda de cambio que encabezan los *Pandemials* tiene fundamentos sólidos. Simplemente desean las mismas oportunidades que tuvieron sus padres en el periodo de posguerra. No hay ningún pedido extravagante, tan solo trabajo bien pago y meritocracia. La *Generación X* y los *Millennials*, que ocupan cada año más posiciones de poder, son quienes deberían darle espacio y forma a estos reclamos para evitar errores y radicalización. En el pasado, no escuchar las demandas de las nuevas generaciones emergentes ha terminado mal, sobre todo en un contexto de descrédito del Estado liberal y alto desempleo. El "despertar" de Chile en 2019 a través de sus movimientos juveniles y las manifestaciones en repudio al asesinato de George Floyd son un anticipo de lo que podríamos ver durante esta década. Como lo señalé anteriormente, la izquierda está ansiosa por seguir capturando este descontento, y no solo irá en contra de la meritocracia, irá por el estatismo y la intervención en cada aspecto de nuestras vidas.

La izquierda de hoy sigue siendo la misma del pasado, tiene una doble moral y está unida por el autoritarismo. Nada tiene que ver con los gobiernos liberales europeos autodenominados socialistas, que sí creen en la democracia y en la libertad del individuo; y si bien pueden tener una visión económica más "estatista", sus políticas se enmarcan dentro del capitalismo y el respeto a los derechos individuales.

Los gobiernos de izquierda del siglo XXI siguen siendo cleptocracias estatistas con líderes que buscan perpetuarse en el poder. Esto es lo que caracterizó a los regímenes de Recep Tayyip Erdoğan, Vladimir Putin, el matrimonio Kirchner, Nicolás Maduro, Evo Morales y los Castro. Tienen una elite de políticos y empresarios ligados al poder que son multimillonarios en base a negocios con el Estado, monopolios y corrupción. Pretenden vigilar cada aspecto de la vida de los individuos y de las instituciones de la sociedad civil, controlar la prensa y reducir el rol del sector privado. Nada tienen en común estos políticos con los *Pandemials*, pero intentarán usar su descontento a su favor.

Lo que nos va a salvar de la izquierda es que la *Rebelión Pandemial* sea canalizada por el liberalismo, que sus causas justas pasen a ser promovidas por las elites y gobernantes liberales. Los jóvenes protestando en las calles no son los que nos van a librar del populismo; lo que nos va a salvar son las políticas instrumentadas por las autoridades y los economistas que se orienten a satisfacer las demandas de las nuevas generaciones. De esta unión depende nuestro futuro. La democracia, el capitalismo y el liberalismo tienen sus defectos. Pero no hay que abandonarlos. Hay que renovarlos, repararlos, fortalecerlos y ayudarlos a ser más justos y meritocráticos.

El despertar de los jóvenes es firme y sostenido. Nada indica que vaya a detenerse. Su curso de acción dependerá del "ecosistema" creado por los gobernantes para articular la transición de los ciclos humanos.

La rebelión significa que las nuevas generaciones se expresan y tienen la energía y la determinación para pelear por sus derechos, valores que son positivos en toda sociedad. Pocos dudan que las temáticas que los *Pandemials* impulsan sean justas y correctas: la inequidad, el rechazo al autoritarismo y el cambio climático. Los recelos respecto a sus reclamos son generados por los métodos utilizados por minorías radicalizadas y los políticos que en algunos casos eligen para canalizar el descontento. Pero esos métodos u opciones políticas pueden ser la consecuencia de no haber sido escuchada la que hubiera sido su opción lógica en función de afinidad de valores: el liberalismo.

La crisis de 2008 fue una ocasión que perdieron los gobiernos liberales para reformular las políticas en pos de recuperar la meritocracia y reconciliarse con los jóvenes y los más postergados. Fue la primera oportunidad de corregir el rumbo para evitar el populismo. Ahora con la crisis del 2020 estamos frente a la que probablemente sea la última chance de realizar estos cambios.

Si los jóvenes son escuchados y su reclamo de meritocracia resuelto en el marco de políticas impulsadas por gobiernos liberales, podemos encontrarnos ante una nueva era dorada. Pero cualquier escenario de prosperidad implica solucionar a tiempo una cuestión base: el cambio climático. Es aquí donde preocupa el mundo G0 –opuesto al G7– en el que la cooperación entre países ha quedado muy reducida tras la pandemia. El desastre climático y la pandemia son las primeras crisis internacionales desde 1945 en las cuales Estados Unidos no ha ocupado su lugar de liderazgo. En términos generales, tras la Segunda Guerra Mundial, el mundo ha experimentado mucha prosperidad y paz gracias a este liderazgo. Sin embargo, en este momento el mundo G0 está a la deriva. Sin cooperación y solidaridad entre países, la catástrofe ambiental resultará inevitable. Y podría sumergirnos no en una década sino en generaciones de turbulencias, pobreza, autoritarismo y malestar. Del cambio climático no hay retorno. No solo pone en riesgo a los más postergados, sino a toda la humanidad.

Hay algunas similitudes entre la década actual y la de 1930: ruptura de alianzas internacionales, guerras comerciales, populismo, reivindicación de la figura del líder, y un enorme descontento por la situación económica. La pandemia vino a potenciar estas similitudes. Esta vez fue el Covid; la próxima podría ser otro virus, una erupción volcánica (como la del Monte Tambora en 1815 que originó fenómenos climáticos extremos que afectaron las cosechas y provocaron hambrunas en muchas partes del mundo), o una tormenta solar (como el evento Carrington en 1859 que si sucediera hoy podría dejar continentes enteros sin energía durante meses, causando millones de muertos).

En lo profundo de nuestra esencia todos los humanos responsables estamos preocupados por estos temas, pero la agresividad del ecosistema, y la lucha por la supervivencia diaria en un entorno cada vez más hostil y competitivo, nos distancian de esta conciencia colectiva y vocación humanista activa de acción frente a los desafíos. Es por eso que creo que un ciclo de menor inequidad y basado en la meritocracia, es la puerta al altruismo que se necesita para poder arreglar la economía, la catástrofe ambiental y la crisis del espíritu humano.

El problema es cuando los modelos pierden su esencia. Al liberalismo le está ocurriendo lo mismo que a otras corrientes. Si resucitara Karl Marx y viera lo que hicieron Lenin, Stalin y Mao con el comunismo pediría volver a la tumba. Si John Maynard Keynes viera a los populistas de izquierda que utilizan su nombre, también querría volver a morirse. Si Jefferson viera la tecnocracia que gobierna los Estados Unidos estaría horrorizado. Y si Juan Bautista Alberdi viera que Carlos Menem o Mauricio Macri se consideran liberales, estaría igual de indignado.

La barrera divisoria que separa a las elites globales de la gente común reduce la empatía necesaria para plantear soluciones pragmáticas a las dificultades. El pragmatismo nada tiene que ver con los delirios de la izquierda o de la extrema derecha. Nace de una mirada amplia, analítica y sin prejuicios. El *Freedom QE*, el *Decarbonization Deal*, así como medidas para estimular la construcción de viviendas en las ciudades son solo un ejemplo de los muchos programas que podrían ser evaluados desde una nueva perspectiva por los gobernantes. Nuestras empresas entraron al siglo XXI, pero nuestros gobiernos y gran parte de sus regulaciones y políticas funcionan por inercia, no pudieron adaptarse a la era digital, parecen haberse quedado en el tiempo, y solo son funcionales a un grupo cada vez más reducido de personas.

El siglo XX fue un período de fuertes emociones y grandes transformaciones. Dos guerras mundiales, el surgimiento y caída del comunismo, la Guerra Fría, el miedo a la aniquilación nuclear, la llegada del hombre a la Luna, el populismo, las dictaduras, el voto femenino, la libertad sexual, la lucha por los derechos LGTB, el extraordinario desarrollo científico, el cine, nuevos géneros musicales, internet y una mejora en la calidad de vida nunca antes vista. En comparación, el siglo XXI parece ser muy monótono, muy tranquilo. La década de 2020 con sus fuertes transformaciones será la que dará forma a las características políticas, sociales, tecnológicas y económicas que veremos a lo largo de todo este siglo.

El liberalismo no es perfecto, tiene sus errores; pero en su esencia está intentar corregirlos. Durante los dos siglos en que ha tenido un papel preponderante en la humanidad, las mejoras en calidad de vida y los avances científicos, sociales y políticos nunca han sido tan grandes. Superar la *Década de las Turbulencias* que se avecina requiere enfrentar la ola que amenaza al liberalismo y a las instituciones democráticas, y volver al camino de apertura, globalización y reducción de la inequidad. Los recursos tecnológicos y económicos disponibles nunca fueron tan inmensos, pero los desafíos nunca fueron tan complejos. Se requiere empatía de los gobernantes para que comprendan los reclamos de los jóvenes; y de los jóvenes, para asumir que los cambios toman tiempo y que las soluciones mágicas y radicales no suelen funcionar. De esta empatía, de lo mejor de las instituciones liberales y del poder del capitalismo depende nuestro futuro.

EPÍLOGO

La *Década de las Turbulencias* será compleja, intensa y transformadora. Los fines de ciclo suelen ser turbulentos, y nunca antes los cuatro *Ciclos Humanos* implosionaron juntos durante una misma década. Por momentos parecerá que el mundo está a punto de colapsar, que los autoritarismos se impondrán, que el liberalismo puede quedar relegado, y que los jóvenes marcharán en nombre del algún populismo para prender fuego las ciudades en diferentes partes del planeta. Pero finalmente, como ha sucedido una y otra vez a lo largo de sus más de 250 años de historia, el liberalismo triunfara. Lo hará por la superioridad económica, tecnológica y social que emerge de sus formulaciones, instituciones y de las libertades que ofrece. Y lo hará porque los ciudadanos que viven bajo los beneficios de este sistema no querrán volver atrás.

El crecimiento del estatismo durante la década de 2020 es inevitable. Será la reacción de las tecnocracias liberales al ver amenazada su supervivencia por el populismo, y es lo que sucede tras grandes crisis económicas como la provocada por la pandemia. Lo harán no por convencimiento sino por conveniencia existencial. Joe Biden es el principal representante de esta tendencia. Pero al hacerlo se alejarán de muchos de sus votantes que desconfían del estatismo, por lo que en el mediano plazo el punto de equilibrio natural serán las políticas no estatistas sobre las que hablamos en este libro. Esto no significa que el gasto público será menor, simplemente que podría descentralizarse de los gobiernos federales otorgando más poder al ciudadano y los gobiernos locales.

El modelo de *pre-distribución* europeo cruzará el Atlántico para expandirse en los Estados Unidos y también en países de Latinoamérica, Asia, África y Medio Oriente. Esta nueva oleada pre-distributiva, similar a la que vimos en las décadas de 1950 y 1960 con la expansión del Estado de Bienestar, tendrá su foco en el acceso a la educación gratuita de calidad, en programas para abaratar el precio de las viviendas y los alquileres, y en la disponibilidad de toda una nueva serie de tratamientos médicos basados en tecnologías disruptivas que veremos en los próximos años. Adicionalmente habrá presión por parte del precariado para que se implementen políticas de redistribución de ingresos. El gran desafío será que estas políticas sean no estatistas, no intervencionistas, que no interfieran con las libertades individuales y que no desincentiven el trabajo, el esfuerzo individual y la toma de riesgos por parte de los empresarios. El matiz final dependerá del signo político de quien gobierne, pero el impulso pre-distributivo que emerge ante el nuevo *Ciclo de la Inequidad* y la pandemia no se puede frenar. Es una tendencia que nos acompañará en las próximas décadas.

Por su parte, la implosión de los *Ciclos Humanos* forzará el nacimiento de nuevos esquemas. Las fórmulas estatistas del pasado resultarán inefectivas para resolver los crecientes problemas de los *Pandemials*. Esto ya está quedando en evidencia y se acentuará a lo largo de esta década. La política monetaria y de vivienda, los modelos educativos, de trabajo y de relacionamiento social, todos estaban en crisis antes de la pandemia; y lo estarán aún más durante los próximos años a pesar de los esfuerzos que hagan los tecnócratas para modificar la tendencia. Es posible que de esta crisis surjan nuevas ideas y nuevos esquemas que aporten soluciones duraderas a cada una de estas problemáticas.

Así como hablo de estos escenarios relativamente optimistas, nada quita que pueda suceder lo peor: que los populismos de izquierda se expandan a los países desarrollados y emergentes.

De ocurrir, sería algo temporal y no iría más allá de la década de 2020 o principios de la siguiente. Pienso y postulo esto por dos motivos: por un lado, el modelo estatista e intervencionista termina por generar crisis económicas que alejan a los votantes moderados, que son quienes suelen definir las elecciones; por el otro, cuando los gobiernos quieran avanzar sobre las libertades individuales serán los mismos *Pandemials* los primeros en poner un límite. Y no tengan dudas de que la izquierda lo intentará. Pero en países desarrollados, con tradición democrática e instituciones liberales sólidas, los ciudadanos no permitirán que pase lo mismo que tuvo lugar en Argentina, Venezuela y otros países en desarrollo.

El gran riesgo es que un ciclo populista coincida con una etapa de fuertes avances tecnológicos que haga crecer la economía a pesar de los grandes defectos del populismo. Esto podría prolongar su permanencia en el poder por más tiempo. Sería algo similar a lo que ocurrió con los gobiernos populistas de Latinoamérica durante la década del 2000: se vieron beneficiados por los altos precios internacionales de las materias primas y las bajas tasas de interés.

A pesar de estos riesgos, lo más probable es que la década de 2030 sea el inicio de una era de prosperidad y nuevos ciclos humanos comiencen a florecer. En esos años veremos una economía con menor inequidad y más meritocracia, de la que emergerán sociedades más dinámicas, con mayor movilidad social y menos prejuicios de clase, sexo, raza, religión o credo. Esto potenciará una recomposición de las comunidades: el barrio, el grupo de amigos, el club, y las instituciones comunitarias se volverán ámbitos más vibrantes, inclusivos y pluralistas. Todo ello, sumado a la consolidación de nuevas estructuras sociales y la restauración de los vínculos reales –por la saturación de los mundos digitales–, terminarán por impulsar un nuevo *Ciclo del Espíritu Humano*.

Lo contrario sucedería si estuviéramos frente a una década de populismos. Los quiebres sociales se acrecentarían, habría tensiones entre ricos y pobres, menos pluralidad y aumentaría la conflictividad racial. El populismo necesita de las grietas, el conflicto y los enemigos para gobernar por confrontación.

En cualquiera de los dos escenarios la cuestión de la vivienda será crucial durante esta turbulenta década: está en el centro de los reclamos de los *Pandemials* y *Millennials* en todo el mundo. A medida que el descontento social crezca y la escasez de viviendas se vuelva más significativa, habrá fuertes presiones para la ampliación de la oferta de propiedades mediante el relajamiento de las normas de edificación. Indefectiblemente habrá una expansión de nuevos modelos habitacionales pensados para una población que tiene menos hijos, como el co-living, el co-housing y el reciclamiento de ex oficinas o lugares de trabajo. De la mano de nuevas tecnologías como los autos autónomos y la consolidación del trabajo remoto, las personas podrán vivir más lejos del centro de las ciudades y veremos una revitalización de las comunidades suburbanas y rurales. Esta posibilidad de ahorrar en transporte y tiempo de viaje redundará en otros beneficios o actividades, como el servicio social, el ejercicio físico y la vuelta al *"hacelo vos mismo"*.

El segundo punto en el cual baso mi optimismo es la tecnología, que como ha sucedido históricamente, será el factor que impulsará este ciclo de prosperidad humana. Así ocurrió con la Primera y la Segunda Revolución Industrial, con los avances durante la Segunda Guerra Mundial y con los desarrollos de la Guerra Fría, que hicieron posible la globalización y que cientos de millones de personas salieran de la pobreza. Volverá a suceder en los próximos años para poder vencer el cambio climático y mejorar la calidad de vida de la población. Durante esta década continuará la baja del costo de las energías renovables y de su almacenamiento, impulsándolas aún más fuertemente.

Al mismo tiempo, toda una nueva generación de jóvenes con mayor conciencia ecológica irá aumentando su participación en el electorado y exigirá a los gobiernos mayor acción en relación a los temas ambientales. El cambio climático dejará de ser una cuestión de partidos políticos para convertirse en una política de Estado en la mayoría de los países, ya sea que tengan gobiernos de izquierda, liberales, autoritarios o conservadores.

La Cuarta Revolución Industrial está cada vez más cerca. Las decisiones de política pública pueden retrasarla o acelerarla, pero no evitar que acontezca en las próximas décadas. Ella volverá a conectar a los humanos con el interés por la ciencia, con mirar al cielo y poder imaginar un futuro a bordo de naves espaciales. Sobre todo porque los beneficios de las nuevas tecnologías tendrán un impacto positivo en la calidad de vida de la mayor parte de la población. Seguramente durante la década de 2030 veremos los primeros reactores de fusión nuclear en funcionamiento, la expansión de las computadoras cuánticas y a los humanos poner un pie en Marte, tras lo cual comenzaremos a fantasear con los viajes a otros sistemas solares.

Otro factor que contribuirá a que estos sueños se materialicen es la caída de la tasa de natalidad. En los próximos 50 años es muy probable que, ¡por primera vez en la historia!, la población mundial deje de aumentar. Más allá de las cuestiones sociales, este hecho traerá desafíos económicos e impondrá presiones sobre los sistemas previsionales y de seguridad social. Al mismo tiempo, será un alivio para la escasez de viviendas, la provisión de alimentos y la degradación sobre el medio ambiente.

Vemos entre los *Pandemials* una tendencia a la recomposición de los vínculos reales, a una mayor conciencia ecológica, a no reprimir sus problemas, a tratar a las personas por iguales sin importar su raza, sexo, religión o nivel de ingresos. Y a comprometerse cívica, social y políticamente. Tendencias que, en conjunto con una mejora de sus condiciones económicas, podrían ser el puntapié inicial para una sociedad más sana, con menos trastornos psicológicos y mayor sentido de equidad.

Los escépticos siempre ven un futuro oscuro: lo hicieron hace 200 años, hace 100, hace 50, hace 20 y ahora. Siempre hubo amenazas, siempre hubo riesgos, siempre hubo pandemias, guerras y desastres. Pero desde la llegada del liberalismo los humanos hemos tenido la capacidad para organizarnos y transformarnos para salir adelante. Si logramos superar el cambio climático nada podrá impedir un futuro mejor de la mano de los nuevos *Ciclos Humanos*, según hemos analizado en los capítulos precedentes. Y estos ciclos son tan claros como poderosos, son imposibles de detener; algunos intentarán ir contra ellos pero terminarán por imponerse. Cargan la fuerza intrínseca de sus propios fundamentos: menor inequidad, nueva revolución industrial y nuevas estructuras sociales que surgirán durante los próximos años y estarán al servicio de estos valores humanos.

Puede haber tropiezos en el camino. A muchos puede parecerle que en este momento todo es tormentoso. Podría expandirse el populismo de izquierda. Pero a la corta o a la larga fracasará y la libertad y las instituciones liberales triunfarán. Una mala decisión de los votantes podrá frenar el cambio por un tiempo, pero en el mediano y largo plazo la humanidad avanzará hacia su destino evolutivo. Para hacer esta afirmación me baso en los más de 250 años del virtuoso ciclo liberal, en las estadísticas de reducción de la pobreza en el mundo, en los avances tecnológicos firmes e ininterrumpidos desde la Primera Revolución Industrial y en el poder transformador de los *Ciclos Humanos*. Cuidar a la Madre Naturaleza contribuirá a que se concrete este proceso virtuoso y los jóvenes *Pandemials*, que comparten este ideario, harán todo lo posible para que se vuelva realidad. Para ellos y también para las generaciones que les seguirán.

Aún falta mucho para el 2030, todo puede pasar en esta turbulenta década, pero creo que estamos en camino hacia un mejor futuro. Un futuro en el que el crecimiento económico, la Madre Naturaleza, así como el espíritu y la felicidad humana vayan de la mano. Y se realimenten mutuamente.

AGRADECIMIENTOS

A Juan Carlos Kreimer quien me guió a lo largo de la escritura ayudándome a expandir mi mente, aclarar mis ideas y mejorar mi estilo. Sus aportes fueron invaluables. A José Siaba Serrate por la lectura de los capítulos, correcciones y sus valiosos comentarios sobre el borrador. A mi amiga Liliana Yoma y el equipo de Advance Marketing por el compromiso para realizar la prensa y comunicación del libro. A mi amigo y director de arte Gonzalo Lercari por el diseño de la tapa. A Gustavo Lencina por el excelente trabajo de maquetado y a Dalia Goldman por la minuciosa y armoniosa corrección sobre el texto. A Lucas Martínez por la traducción al inglés. A mi amigo Martín Auzmendi por ayudarme en la búsqueda de la editorial. A mis editores Andrés Monteagudo y Esteban Bertola de Editores Argentinos por el compromiso para la publicación de mi obra. A mi madre Angeles Renau por las correcciones sobre el borrador y a mi padre Gustavo Dominguez por nuestras charlas sobre muchos de los temas de este libro. A ambos porque que crecí en una casa llena de amor, de libros, donde el pensamiento, las ideas, el debate, los viajes, y la búsqueda de nuevos desafíos siempre fueron apoyados. Y por último pero no menos importante a mi prometida Florencia Castillo quien con su amor ilumina mis días y es mi apoyo incondicional tanto en este como en muchos otros proyectos.

REFERENCIAS

Introducción

1- The Precariat are not the left behind. Guy Standing. World Economic Forum. 21 de enero del 2019. https://www.weforum.org/agenda/2018/01/who-exactly-are-the-left-behind-2018/
2- Global Income Distribution: From the Fall of the Berlin Wall to the Great Recession. World Bank Group. https://elibrary.worldbank.org/doi/abs/10.1093/wber/lhv039?journalCode=wber

El ciclo de la inequidad

1- The great american supermarket lie. Shane Hamilton. Abril 2018. The Washington Post. https://www.washingtonpost.com/news/made-by-history/wp/2018/04/27/the-great-american-supermarket-lie/
2- World Inequality Report 2018, World Inequality Lab. Pagina 80
3- World Inequality Report 2018, World Inequality Lab. Pagina 80
4- U.S. Bureau of Economic Analysis
5- World Inequality Report 2018, World Inequality Lab. Pagina 80
6- Bureau of Economic Analysis. Price Indexes for Personal Consumption Expenditures by Function. 1980-2018. https://apps.bea.gov/iTable/iTable.cfm?reqid=19&s-tep=2#reqid=19&step=2&isuri=1&1921=survey
7- Federal Reserve Bank of ST. Louis. Median Sales Price of Houses Sold for the United States https://fred.stlouisfed.org/series/MSPUS

8- Inequality in the Impact of the Coronavirus Shock: New Survey Evidence for the UK.
Abi Adams-Prassl, Teodora Boneva, Marta Golin, and Christopher RauhDepartment of Economics, University of Oxford. Department of Economics, University of Zurich . Department of Economics, University of Cambridge.
https://filecloud.socsci.ox.ac.uk/ui/core/index.html?mode=-single
path=/SHARED/sarah.morrish/ZlcmPEeorjMd2o51

9- Economic Policy Institute
https://www.epi.org/publication/ceo-compensation-2018/

10- How CEO Pay in America got out of whack. The Economist, Jul 11th 2020 edition.
https://www.economist.com/business/2020/07/11/how-ceo-pay-in-america-got-out-of-whack

11- Policy Basics: The Earned Income Tax Credit. Center on Budget and Policy Priorities.
https://www.cbpp.org/research/federal-tax/policy-basics-the-earned-income-tax-credit

12- Key Elements of the U.S. Tax System. Tax Policy Center (Urban Institute & Brookings Institution)
https://www.taxpolicycenter.org/briefing-book/how-does-earned-income-tax-credit-affect-poor-families

13- The Supplemental Poverty Measure: 2018 , U.S. Census Bureau

14- The Supplemental Poverty Measure: 2018 , U.S. Census Bureau

15- Federal Reserve Bank of ST. Louis. Median Sales Price of Houses Sold for the United States
https://fred.stlouisfed.org/series/MSPUS

16- Federal Reserve Bank of ST. Louis. Real Median Family Income in the United States
https://fred.stlouisfed.org/series/MEFAINUSA672N

17- 2019 US Migration Report. North American Moving Services. https://www.northamerican.com/migration-map

18- Property Prices Index by City 2020. Numbeo.
https://www.numbeo.com/property-investment/rankings.jsp

19- Cost of Living in France. Numbeo.
https://www.numbeo.com/cost-of-living/country_result.jsp?country=France

20- Home ownership is the West's biggest economic-policy mistake, The Economist, 16 de enero de 2020
https://www.economist.com/leaders/2020/01/16/home-ownership-is-the-wests-biggest-economic-policy-mistake

21- Home ownership rate in selected European countries in 2018, 11 de marzo de 2020
https://www.statista.com/statistics/246355/home-ownership-rate-in-europe/

22- Report on German housing market, Konstantin A. Kholodilin, 7 de diciembre de 2016
https://ec.Europa.eu/economy_finance/events/2016/20161130-workshop/documents/konstantin_kholodilin_en.pdf

23- Total number of completed houses in 2018 in Europe, by country, 18 de febrero de 2020 https://www.statista.com/statistics/868093/number-of-completed-houses-europe/

24- European Countries by population (2020)
https://www.worldometers.info/population/countries-in-europe-by-population/

25- Berlin approves five-year rent freeze to combat rising housing costs. Adam Forrest, 18 de junio de 2019. Independent.
https://www.independent.co.uk/news/world/europe/berlin-rent-freeze-cap-five-year-housing-gentrification-germany-a8964436.html

26- World's most expensive cities. Global Property Guide
https://www.globalpropertyguide.com/most-expensive-cities<https://www.infobae.com/america/agencias/2020/07/16/nuevo-esfuerzo-de-vivienda-asequible-de-barcelona-pisos-vacios/>

27- Home ownership is the West's biggest economic-policy mistake, The Economist, 16 de enero de 2020 https://www.economist.com/leaders/2020/01/16/home-ownership-is-the-wests-biggest-economic-policy-mistake

28- How Hong Kong's Sky-High Home Prices Feed the Unrest, Shawna Kwan, 11 de septiembre de 2019 https://www.washingtonpost.com/business/how-hong-kongs-sky-high-home-prices-feed-the-unrest/2019/09/08/b6697118-d2a7-11e9-8924-1db7dac797fb_story.html

29- The Obvious Connection Between Homelessness and Housing Prices, Sammuel Hamond, 14 de febrero de 2020.
https://www.niskanencenter.org/the-obvious-connection-between-homelessness-and-housing-prices/

30- "To care for him who shall have borne the Batle". U.S. Department of Veterans Affairs
https://www.blogs.va.gov/VAntage/17573/care-shall-borne-battle/

31- Universal Health Care. Claudio Butticè. 15 de noviembre del 2019. Pagina 48 y 49

32- This is the real reason most Americans file for bankruptcy. Lorie Konish. CNBC. 11 de febrero del 2019.

33- Sobreviviente de covid-19 recibe factura de un millón de dólares del hospital. Infobae. 13 de julio de 2020.
https://www.infobae.com/america/agencias/2020/06/13/sobreviviente-de-covid-19-recibe-factura-de-un-millon-de-dolares-del-hospital/

34- A Painful Pill to Swallow: U.S. vs. International Prescription Drug Prices. Prepared by Ways and Means Committee Staff. September 2019
https://waysandmeans.house.gov/sites/democrats.waysandmeans.house.gov/files/documents/U.S.%20vs.%20International%20Prescription%20Drug%20Prices_0.pdf

35- Diabetics from Minnesota find insulin at one-tenth the price — in Canada. Katrina Pross. 7 de julio del 2019. Twin Cities.
https://www.twincities.com/2019/07/07/

minnesotans-trek-to-canada-in-search-of-affordable-insulin/

36- Why prescription drugs cost so much more in America. Hannah Kuchler. 19 de septiembre del 2019. Financial Times. https://www.ft.com/content/e92dbf94-d9a2-11e9-8f9b-77216ebe1f17

37- How Does Prescription Drug Spending and Use Compare Across Large Employer Plans, Medicare Part D, and Medicaid?. Juliette Cubanski, Matthew Rae, Katherine Young, and Anthony Damico. 20 de mayo del 2019. KFF (Kaiser Family Foundation) https://www.kff.org/medicare/issue-brief/how-does-prescription-drug-spending-and-use-compare-across-large-employer-plans-medicare-part-d-and-medicaid/

38- How Much Will Medicare for All Cost?. 27 de febrero del 2019. Committee for a Responsible Federal Budget.

39- Tax Justice Now. Make your Own Tax Plan. https://taxjusticenow.org

40- Obesity drives U.S. health care costs up by 29 percent, varies by state. Cornell University. 8 de febrero del 2018. https://www.sciencedaily.com/releases/2018/02/180208180356.htm

41- Prevalence of Obesity and Severe Obesity Among Adults: United States, 2017–2018. Craig M. Hales, M.D., Margaret D. Carroll, M.S.P.H., Cheryl D. Fryar, M.S.P.H., and Cynthia L. Ogden, Ph.D. Febrero del 2020. https://www.cdc.gov/nchs/products/databriefs/db360.htm

42- Later Retirement, inequality in old age, and the growing gap in longevity between rich and poor. Barry Bosworth & Gary Burtless, The Brookings Institution Kan Zhang, George Washington University. Febrero, 2016. https://www.brookings.edu/wp-content/uploads/2016/02/BosworthBurtlessZhang_retirementinequalitylongevity_012815.pdf

43- America Will Struggle After Coronavirus. These Charts Show Why. By David Leonhardt and Yaryna Serke. April 10, 2020 https://www.nytimes.com/interactive/2020/04/10/opinion/coronavirus-us-economy-inequality.html

44- How Much Money Does Smoking Cost You?. Alaya Linton. The Balance. 2 de julio de 2020. https://www.thebalance.com/how-much-money-does-smoking-cost-you-4143324

45- Anxiety disorders and obesity. L Lykouras y J michopoulos. Diciembre del 2011 https://pubmed.ncbi.nlm.nih.gov/22271843/

46- New CDC data shows Covid-19 is affecting African Americans at exceptionally high rates. Zeeshan Aleem. Vox. 18 de abril de 2020. https://www.vox.com/coronavirus-covid19/2020/4/18/21226225/coronavirus-black-cdc-infection

47- Obesity and African Americans. OMH (U.S. Department of Health and Human Services Office of Minority Health. 2018 https://minorityhealth.hhs.gov/omh/browse.aspx?lvl=4&lvlid=25

48-The Disparate Impact of Diabetes on Racial/Ethnic Minority Populations. Edward A. Chow, MD, Henry Foster, MD, Victor Gonzalez, MD and LaShawn McIver, MD, MPH. Clinical Diabetes, 30 de Julio de 2012. https://clinical.diabetesjournals.org/content/30/3/130

49- High Blood Pressure in African-Americans https://www.webmd.com/hypertension-high-blood-pressure/guide/hypertension-in-african-americans#1

50- Economic Growth. Max Roser. Our World in Data. https://ourworldindata.org/economic-growth

51- Literancy. Max Roser y Esteban Ortiz-Ospina. Our World in Data. https://ourworldindata.org/literacy

52 Average Cost of College in America. Justin Song. 2018 https://www.valuepenguin.com/student-loans/average-cost-of-college

53- Which colleges in America help the most children climb the income ladder?. The Equality of Opportunity Project http://www.equality-of-opportunity.org/college/

54- Youth unemployment rate. OECE https://data.oecd.org/unemp/youth-unemployment-rate.htm

55- The Biden Plan for Education Beyond Hihg School. https://joebiden.com/beyondhs/

56- Success Academy https://www.successacademies.org/results/

57- Taxation. Esteban Ortiz-Ospina y Max Roser. Our World in Data https://ourworldindata.org/taxation

58- Tax Justice Now. https://taxjusticenow.org

59- Individual income tax rates table. KPMG https://home.kpmg/xx/en/home/services/tax/tax-tools-and-resources/tax-rates-online/individual-income-tax-rates-table.html

60- How High are Sales Taxes in Your State?. Tax Foundation. Enero del 2020. https://files.taxfoundation.org/20200115132211/2020-State-and-Local-Sales-Tax-Rates1.png

61- Employer social security tax rates. KPMG https://home.kpmg/xx/en/home/services/tax/tax-tools-and-resources/tax-rates-online/social-security-employer-tax-rates-table.html

62- The Compliance Cost of IRS Regulations. Scott A. Hodge. 15 de junio del 2016. Tax Foundation. https://taxfoundation.org/compliance-costs-irs-regulations/

63- Tax Justice Now. https://taxjusticenow.org

64- IMF Tax evasion - Finance & Development- Septiembre del 2019.

65- Tax avoidance by the rich could top $5 trillion in next decade. Robert Frank. 19 de noviembre del 2019. CNBC https://www.cnbc.com/2019/11/19/

tax-avoidance-by-the-rich-could-top-5-trillion-in-next-decade.html

66- Expropriation of Foreign Direct Investments: Sectoral Patterns from 1993 to 2006. Chris Hajzler. Septiembre del 2010. https://www.otago.ac.nz/economics/research/otago077137.pdf

67- La ineficiencia del gasto publico. Banco Interamericano de Desarrollo. https://publications.iadb.org/publications/spanish/document/DIA-2018-Capitulo-3-La-in-eficiencia-del-gasto-publico.pdf

68- Ratio of government expenditure to gross domestic product (GDP) in Argentina 2024. Statista. Abril 2020. https://www.statista.com/statistics/316892/ratio-of-government-expenditure-to-gross-domestic-product-gdp-in-argentina/

69- El rompecabezas del empleo público en Argentina: Quiénes hacen funcionar la maquinaria del Estado. Gonzalo Diégueze, José María Gasparín. CIPPEC https://www.cippec.org/publicacion/el-rompecabezas-del-empleo-publico-en-argentina-quienes-hacen-funcionar-la-maquinaria-del-estado/

70- Homenaje a Mario Bunge: "Menem no fue peronista; Kirchner, sí". Jorge Fontevecchia. Diario Perfil. 29 de febrero de 2020. https://www.perfil.com/noticias/elobservador/menem-no-fue-peronista-kirchner-si.phtml

El ciclo de la madre naturaleza

1- List of mammoth specimens. Wikipedia.

2- Wolly Mommoth Revival. Revive & Restore. https://reviverestore.org/projects/woolly-mammoth/

3- What if mammoths are brought back from extinction?. The Economist. 4 de julio de 2020. https://www.economist.com/the-world-if/2020/07/04/what-if-mammoths-are-brought-back-from-extinction

4- Earth Observatory. NASA. https://earthobservatory.nasa.gov/world-of-change/global-temperatures

5- Preventing the next pandemic: Zoonotic diseases and howto break the chain of transmission. Delia Grace Randolph. Año 2020. United Nations Evironment Programme.

6- Coronavirus: world treating symptoms, not cause of pandemics, says UN. Damian Carrington. 6 de julio de 2020. The Guardian.

7- $82 trillion over 5 years? Cambridge study counts the cost of coronavirus. Shalini Nagarajan. World Economic Forum.
https://www.weforum.org/agenda/2020/05/coronavirus-covid19-pandemic-econamy-money-depression-recession/

8- American Chemical Society National Historic Chemical Landmarks. The Keeling Curve. 12 de junio del 2015.
http://www.acs.org/content/acs/en/education/whatischemistry/landmarks/keeling-curve.html

9- USGS. Science for a changing world.
https://www.usgs.gov/faqs/how-long-can-we-expect-present-interglacial-period-last?qt-news_science_products=0#-qt-news_science_products

10- Ex-Nasa scientist: 30 years on, world is failing 'miserably' to address climate change. Oliver Milman. 19 de junio del 2018. The Guardian.
https://www.theguardian.com/environment/2018/jun/19/james-hansen-nasa-scientist-climate-change-warning

11- 'Great Power' friction to inflate 2020 military budgets. Garrett Reim. 2 de diciembre del 2019.
https://www.flightglobal.com/analysis/great-power-friction-to-inflate-2020-military-budgets/135621.article

12- Where climate cash is flowing and why it's not enough. Sophie Yeo. 17 de septiembre del 2019.
https://www.nature.com/articles/d41586-019-02712-3

13- Bold action required to finance a global green new deal and meet the SDGs. United Nations. 25 de septiembre del 2019.

https://unctad.org/en/pages/newsdetails.aspx?OriginalVersionID=2191

14- Los comerciantes de la sed. New York Times. 13 de enero del 2020
https://ensegundos.com.pa/2020/01/13/los-comerciantes-de-la-sed/

15- The climate crisis, migration and refugees. John Podesta. 25 de julio del 2019. Brookings.
https://www.brookings.edu/research/the-climate-crisis-migration-and-refugees/

16- The Borgen Project. 22 de junio del 2019.
https://borgenproject.org/where-is-desertification-happening/

17- Australian bushfires from the air: before and after images show scale of devastation. Naaman Zhou. 16 de enero del 2020. The Guardian.
https://www.theguardian.com/australia-news/2020/jan/17/before-and-after-images-show-scale-of-bushfire-devastation

18- Global Climate Change, Vital Signs of the Planet. NASA.
https://climate.nasa.gov/vital-signs/sea-level/

19- A Glacier the Size of Florida Is Becoming Unstable. It Has Dire Implications for Global Sea Levels. Jasmine Aguilera. 11 de julio del 2019. TIME.
https://time.com/5622632/thwaites-glacier-antarctica-melting/

20- Endangered Species International. Julio del 2020.
https://www.endangeredspeciesinternational.org/overview.html

21- Great Pacific Garbage Patch is now twice the size of Texas. Jennifer Earl, Fox News. 23 de marzo del 2018
https://nypost.com/2018/03/23/great-pacific-garbage-patch-is-now-twice-the-size-of-texas/

22- Stockholm Resilience Center. Stockholm University. Julio 2020.
https://www.stockholmresilience.org/research/planetary-boundaries/planetary-boundaries/about-the-research/the-nine-planetary-boundaries.html

23- How do CO2 emissions compare when we adjust for trade?. Hannah Ritchie. 7 de octubre del 2019. Our World in Data.
https://ourworldindata.org/consumption-based-co2

24- Policy Insights from comparing carbon pricing modeling scenarios. Alexander R. Barron, Marc A. C. Hafstead, Adele C. Morris. 7 de mayo del 2019. Brookings.
https://www.brookings.edu/wp-content/uploads/2019/05/ES_20190507_Morris_CarbonPricing.pdf

25- C02 and Greenhouse Gas Emissions. Hannah Ritchie y Max Roser. Diciembre del 2019. Our World in Data
https://ourworldindata.org/co2-and-other-greenhouse-gas-emissions

26- Oxfam International - Oxfarm.org

27- Where in the world do people emit the most CO2?. Hannah Ritchie. 4 de octubre del 2019. Our World in Data.
https://ourworldindata.org/per-capita-co2

28- Carbon Tax and Revenue Recycling: Revenue, Economic, and Distributional Implications. Kyle Pomerleau y Elke Asen. Noviembre del 2019. Tax Foundation.
https://files.taxfoundation.org/20191105134952/Carbon-Tax-and-Revenue-Recycling-Revenue-Economic-and-Distributional-Implications-PDF.pdf

29- Four former Fed chairs call for US carbon tax. Leslie Hook. 16 de enero del 2019. Financial Times.
https://www.ft.com/content/e9fd0472-19de-11e9-9e64-d150b3105d21

30- Energy bills will have to rise sharply to avoid climate crisis, says IMF. Larry Elliot. 10 de octubre del 2019. The Guardina.
https://www.theguardian.com/environment/2019/oct/10/carbon-taxes-have-to-rise-sharply-to-avoid-climate-crisis-says-imf

31- World Energy Investment 2019. Mayo 2019. IEA.
https://www.iea.org/reports/world-energy-investment-2019/power-sector

32- Cole, Wesley, and A. Will Frazier. 2019. Cost Projections for Utility-Scale Battery Storage. Golden, CO: National Renewable Energy Laboratory. NREL/TP-6A20-73222. https://www.nrel.gov/docs/fy19osti/73222.pdf.

33- BNEF: Energy to storage increase 122X by 2040. 31 de julio del 2019. Renewable Energy World. https://www.renewableenergyworld.com/2019/07/31/bnef-energy-storage-increase-122x-by-2040/#gref

34- German renewables deliver more electricity than coal and nuclear power for the first time. Elisa Miebach. 16 de julio del 2019. DW. https://www.dw.com/en/german-renewables-deliver-more-electricity-than-coal-and-nuclear-power-for-the-first-time/a-49606644

35- Texas Produced More Energy from Renewable Sources Than Coal Last Year. Meredith Lawrence. 10 de enero del 2020. Dallas Obsserver. https://www.dallasobserver.com/news/texas-produced-more-energy-from-renewable-sources-than-coal-last-year-11842205

36- Electric car use by country. Wikipedia. https://en.wikipedia.org/wiki/Electric_car_use_by_country

37- Electric Vehicle Outlook 2020. Colin McKerracher, Dr. Ali Izadi-Najafabadi, Aleksandra O' Donovan, Nik Albanese, Dr. Nikolas Soulopoluos, David Doherty, Milo Boers, Ryan Fisher, Corey Cantor, Dr. James Frith, Siyi Mi, Andrew Grant. Bloomberg NEF. https://about.bnef.com/electric-vehicle-outlook/

38- China 2019 Electric Vehicle Market Share Grows To 4.7% Despite Tighter Incentives. Dr. Maximillian Holland. 13 de enero del 2020. https://cleantechnica.com/2020/01/13/china-2019-electric-vehicle-market-share-grows-to-4-7-despite-tighter-incentives/

39- Democrats' climate plan promises net zero US emissions by 2050. Myles McCormick y Courtney Weaver. 30 de junio del 2020. Financial Times. https://www.ft.com

content/4b644465-5d59-411f-b2f5-381ec6b54a8a
40- How Trees Increase Property Values. Green Blue. https://greenblue.com/gb/how-trees-increase-property-values/
41- Enfuce https://enfuce.com/services/mycarbonaction/
42- Shell Leads Big Oil in the Race to Invest in Clean Energy. Timothy Abington y Kelly Gilblom. 4 de septiembre del 2019. Bloomberg. https://www.bloomberg.com/news/articles/2019-09-04/shell-leads-big-oil-in-the-race-to-invest-in-clean-energy-tech
43- Largest Companies by Market Cap Today (TOP 50 LIST). Digs of the Dow. https://www.dogsofthedow.com/largest-companies-by-market-cap.htm

El ciclo tecnológico

1- Manhattan Project. Wikipedia. Dólares actuales https://en.wikipedia.org/wiki/Manhattan_Project
2- Soviet Atomic Program - 1946. Klaus FuchsIgor KurchatovYuli B. Khariton Lavrentiy P. Beria Andrei D. Sakharov. Atomic Heritage Foundation. 5 de junio del 2014 https://www.atomicheritage.org/history/soviet-atomic-program-1946
3- National Center for Science and Engineering Statistics, Survey of Federal Funds for Research and Development. https://ncsesdata.nsf.gov/fedfunds/2018/html/ffs18-dt-tab001.html
4- Public (government and higher education) R&D expenditure as % of GDP. European Comission. https://rio.jrc.ec.europa.eu/index.php/stats/public-government-and-higher-education-rd-expenditure-gdp
5- Surging R&D spending in China narrows gap with United States. Dennis Normile. Science. 10 de octubre del 2018.

https://www.sciencemag.org/news/2018/10/surging-rd-spending-china-narrows-gap-united-states

6- The Storm Before The Calm - George Friedman. Pagina 85, 86. 14 de enero del 2020.

7- The Storm Before The Calm, George Friedman, pagina 123 y 124. 14 de enero del 2020.

8- The slowdown in US labour productivity growth – stylised facts and economic implications. ECB Economic Bulletin, Issue 2 / 2016 – Box1
https://www.ecb.europa.eu/pub/pdf/other/eb201602_focus01.en.pdf

9- R&D pays: Economists suggest 20% return on public investment for research and innovation. Philip Hibes. 27 de junio del 2017.
https://sciencebusiness.net/news/80354/R%26D-pays%3A-Economists-suggest-20%25-return-on-public-investment-for-research-and-innovation
The S&P 500 has already met its average return for a full year, but don't expect it to stay here. Michael Santoli. 18 de junio del 2017. CNBC
https://www.cnbc.com/2017/06/18/the-sp-500-has-already-met-its-average-return-for-a-full-year.html

10- R&D pays: Economists suggest 20% return on public investment for research and innovation. Philip Hibes. 27 de junio del 2017.
https://sciencebusiness.net/news/80354/R%26D-pays%3A-Economists-suggest-20%25-return-on-public-investment-for-research-and-innovation

11- Life Expectancy. Max Roser, Esteban Ortiz-Ospina y Hannah Ritchie. Our World in Data
https://ourworldindata.org/life-expectancy

12- Banco de Inglaterra

13- Global Extreme Poverty. Max Roser y Esteban Ortiz-Ospina. 2019
https://ourworldindata.org/extreme-poverty

14- The Electric Light System
https://www.nps.gov/edis/learn/kidsyouth/

the-electric-light-system-phonograph-motion-pictures.htm

15- How autonomous vehicles could save over 350K lives in the US and millions worldwide. Teena Maddox. ZD Net. 1 de febrero del 2018
https://www.zdnet.com/article/how-autonomous-vehicles-could-save-over-350k-lives-in-the-us-and-millions-worldwide/

16- Distraction or disruption? Autonomous trucks gain ground in US logistics. Alisha Chottani, Greg Hastings, John Murnane, Florian Neuhaus. McKinsey. 10 de diciembre del 2018.
https://www.mckinsey.com/industries/travel-logistics-and-transport-infrastructure/our-insights/distraction-or-disruption-autonomous-trucks-gain-ground-in-us-logistics

17- The Logistics and Transportation Industry in the United States. FDI fact sheet.
https://www.selectusa.gov/logistics-and-transportation-industry-united-states

18- Self-driving cars could cost America's professional drivers up to 25,000 jobs a month, Goldman Sachs says. Anita Balakrishnan. 22 de mayo del 2017.
https://www.cnbc.com/2017/05/22/goldman-sachs-analysis-of-autonomous-vehicle-job-loss.html

19- ResearchGate.
https://www.researchgate.net/figure/Land-use-in-Singapore_fig1_258083349

20- Singapore sets 30% goal for home-grown food by 2030. Chang Ai-Lien. 8 de marzo del 2019. ST Singapore.
https://www.straitstimes.com/singapore/spore-sets-30-goal-for-home-grown-food-by-2030

21- Thirty percent of the world's food wasted. Cris Arsenault. Al Jaseera31 de octubre del 2014.
https://www.aljazeera.com/indepth/features/2014/10/thirty-percent-world-food-wasted-2014103192739208584.html

22- Land Use. Hannah Ritchie y Max Roser. Our World in Data. Septiembre 2019.

https://ourworldindata.org/land-use

23- Google's Quantum Computer Just Aced an 'Impossible' Test. Tim Childers. Live Science. 24 de octubre del 2019. https://www.livescience.com/google-hits-quantum-supremacy.html

24- Physicists Just Used a Quantum Computer to Simulate Antimatter Creation. Bec Crew. Science Alert. 14 de junio del 2016.

25- When Quantum Computing Meets AI: Smarter Digital Assistants and More. Sara Castellanos. The Wall Street Jorunal. 23 de mayo del 2019. https://www.wsj.com/articles/when-quantum-computing-meets-ai-smarter-digital-assistants-and-more-11558631925

26- Chasing Unlimited Energy With the World's Largest Fusion Reactor. Jonathan Tirone. Bloomberg. 29 de octubre del 2019. https://www.bloomberg.com/features/2019-iter-nuclear-fusion/

27- Two British companies confident of nuclear fusion breakthrough. Clive Cookson. Financial Times. 27 de diciembre del 2019. https://www.ft.com/content/a8d0a7e4-20e3-11ea-b8a1-584213ee7b2b

28- The Cost of Desalination. Dhananjay Mishra. 15 de febrero del 2018. https://www.advisian.com/en-us/global-perspectives/the-cost-of-desalination

29- NASA estimates having SpaceX and Boeing build spacecraft for astronauts saved $20 billion to $30 billion. Michael Sheetz. CNBC. 13 de mayo del 2020. https://www.cnbc.com/2020/05/13/nasa-estimates-having-spacex-and-boeing-build-spacecraft-for-astronauts-saved-up-to-30-billion.html

30- SpaceX Mars transportation infraestruture. Wikipedia. https://en.wikipedia.org/wiki/SpaceX_Mars_transportation_infrastructure

31- Apollo 11's 50th Anniversary: The Facts And Figures Behind The $152 Billion Moon Landing. Alex Knapp. Forbes. 20 de julio del 2019. https://www.forbes.com/sites/alexknapp/2019/07/20/apollo-11-facts-figures-business/#230d50643377

32- Applied Fusion starts production of ion thruster for rocket engine. Aeroespace technology. 11 de septiembre del 2018. https://www.aerospace-technology.com/news/applied-fusion-starts-production-ion-thruster-rocket-engine/

33- This is how many people we'd have to send to Proxima Centauri to make sure someone actually arrives. Emerging Technology from the arXiv. MIT Technology Review. https://www.technologyreview.com/2018/06/22/142160/this-is-how-many-people-wed-have-to-send-to-proxima-centauri-to-make-sure-someone-actually/

34. Robert Kaplan: "Cambie o no el gobierno de EE.UU., será imposible volver a una era anterior a Trump". Perfil. 29 de agosto de 2020 https://www.perfil.com/noticias/periodismopuro/robert-kaplan-cambie-o-no-el-gobierno-de-eeuu-sera-imposible-volver-a-una-era-anterior-a-trump.phtml

El ciclo del espíritu humano

1- La desaparición de los rituales. Byung-Chul Han. Pagina 6. Año 2020

2- Depression is the no. 1 cause of ill health and disability worldwide. Adam Jezard. World Economic Forum. 18 de mayo del 2018. https://www.weforum.org/agenda/2018/05/depression-prevents-many-of-us-from-leading-healthy-and-productive-lives-being-the-no-1-cause-of-ill-health-and-disability-worldwide/

3- Blue Cross Blue Shield Association Study Shows Surge in Major Depression Diagnoses. Blue Cross Blue Shield Association. 10 de mayo del 2018.

https://www.bcbs.com/press-releases/blue-cross-blue-shield-association-study-shows-surge-major-depression-diagnoses%09

4. How the World's First Loneliness Minister Will Tackle 'the Sad Reality of Modern Life'. Tara John. Time. 25 de abril del 2018

5- Loneliness - What characteristics and circumstances are associated with feeling lonely?. Office for National Stadistics. 10 de abril del 2018.
https://www.ons.gov.uk/peoplepopulationandcommunity/wellbeing/articles/lonelinesswhatcharacteristicsandcircumstancesareassociatedwithfeelinglonely/2018-04-10

6- How Working-Class Life Is Killing Americans, in Charts. David Leonhardt y Stuart A. Thompson. The New Tork Times. 6 de marzo del 2020.
https://www.nytimes.com/interactive/2020/03/06/opinion/working-class-death-rate.html

7- America Will Struggle After Coronavirus. These Charts Show Why. David Leonhardt y Yaryna Serkez. The New York Times. 10 de abril del 2020.
https://www.nytimes.com/interactive/2020/04/10/opinion/coronavirus-us-economy-inequality.html

8- Good genes are nice, but joy is better. Liz Mineo. The Harvard Gazette. 11 de abril del 2017.
https://news.harvard.edu/gazette/story/2017/04/over-nearly-80-years-harvard-study-has-been-showing-how-to-live-a-healthy-and-happy-life/

9- Do You Spend Enough Time With Other People?. Shannon Doyne. The New York Times. 30 de octubre del 2017.
https://www.nytimes.com/2017/10/30/learning/do-you-spend-enough-time-with-other-people.html

10- Americans are socializing less and playing more games. Dan Kopf. 5 de julio de 2018.

11- Shock! Horror! Do you know how much time you spend on your phone? Andrieme Matei. The Guardian. 21 de agosto del 2019.
https://www.theguardian.com/lifeandstyle/2019/aug/21/

cellphone-screen-time-average-habits

12- Average Time Spent Daily on Social Media. Broadband Search.
https://www.broadbandsearch.net/blog/average-daily-time-on-social-media

13- The Generation Gap in TV Consumption. Felix Richter. Statista. 19 de agosto del 2019.
https://www.statista.com/chart/15224/daily-tv-consumption-by-us-adults/

14- Teen Social Media Use May Increase Risk of Mental Health Problems. Caitlin Hoffman. Johns Hopkins University. 11 de septiembre del 2019.

15- Dopamine, Smartphones & You: A battle for your time. Trevor Haynes. Harvard University. 1 de mayo del 2018.
http://sitn.hms.harvard.edu/flash/2018/dopamine-smartphones-battle-time/

16- Chamath Palihapitiya, Founder and CEO Social Capital, on Money as an Instrument of Change. Youtube. Stanford Graduate School of Business. 13 de noviembre del 2017.

17- Zygmunt Bauman: "Las redes sociales son una trampa". Ricardo de Querol. El País. 8 de enero del 2016.
https://elpais.com/cultura/2015/12/30/babelia/1451504427_675885.html

18- Peter Singer: "Si hay más muertos por pobreza que por coronavirus, la cuarentena sería un error". Jorge Fontevecchia. Perfil. 2 de mayo de 2020.
https://www.perfil.com/noticias/periodismopuro/si-hay-mas-muertos-por-pobreza-que-por-coronavirus-la-cuarentena-seria-un-error.phtml

La generación de la rebelión

1- Ian Kershaw - To Hell and Back, Europe 1914-1949 - año de publicación 2015 - pagina 142

2- Punk, la muerte Joven - Juan Carlos Kreimer - 2015, editorial planeta - pagina 32.

3- Millennials only hold 3% of total US wealth, and that's a shockingly small sliver of what baby boomers had at their age. Hillary Hoffower. Business Insider. 5 de diciembre del 2019.
https://www.businessinsider.com/millennials-less-wealth-net-worth-compared-to-boomers-2019-12

4- Millennials only hold 3% of total US wealth, and that's a shockingly small sliver of what baby boomers had at their age. Hillary Hoffower. Business Insider. 5 de diciembre del 2019.
https://www.businessinsider.com/millennials-less-wealth-net-worth-compared-to-boomers-2019-12

5- America Will Struggle After Coronavirus. These Charts Show Why. David Leonhardt y Yaryna Serkez. The New York Times. 10 de abril del 2020.
https://www.nytimes.com/interactive/2020/04/10/opinion/coronavirus-us-economy-inequality.html

6- Homeownership and Living Arrangements among Millennials: New Sources of Wealth Inequality and What to Do about It. Jung Choi. New America
https://www.newamerica.org/millennials/reports/emerging-millennial-wealth-gap/homeownership-and-living-arrangements-among-millennials-new-sources-of-wealth-inequality-and-what-to-do-about-it/

7- One astonishing statistic shows just how behind American millennials are when it comes to homeownership. Hillary Hoffower. Business Insider. 21 de enero del 2020.
https://www.businessinsider.com/millennials-own-less-real-estate-than-boomers-statistic-2020-1

8- Teens, TikTok Users and K-Pop Fans Might Have Tricked Trump Into Expecting a Huge Turnout for His Widely-Hyped Tulsa Rally. Tara Law. Time. 21 de junio del 2020.
https://time.com/5856720/
rumps-tulsa-rally-teens-tiktok-kpop/

9- Gen Z is more conservative than many realize — but the Instagram-fluent generation will revolutionize the right. Kate Taylor. Business Insider. Julio 2019.

https://www.businessinsider.com/
gen-z-changes-political-divides-2019-7

10- Have Generation Z forgotten the importance of sport?. Inspire Sport.
https://www.inspiresport.com/
have-generation-z-forgotten-the-importance-of-sport/

11- Generation Z teenagers have more mental health problems despite drops in smoking, drugs and antisocial behaviour. Alex Matthews-Kin. Independent. 28 de febrero del 2019.
https://www.independent.co.uk/news/health/teenage-depression-mental-health-drugs-antisocial-behaviour-generation-z-a8800291.html

12- Why Young People Face a Major Mental Health Crisis. Seth J. Gillihan.
https://www.psychologytoday.
com/us/blog/think-act-be/201912/
why-young-people-face-major-mental-health-crisis

La rebelión

1- Watch: Bernie Sanders announces the end of his presidential campaign. Cameron Peters. Vox. 8 de abril del 2020
https://www.vox.com/2020/4/8/21213665/
bernie-sanders-suspends-campaign-transcript

2- Map: Protests and rallies for George Floyd spread across the country. Jiachuan Wu, Nigel Chiwaya and Savannah Smith. NBC News. 12 de junio de 2020.
https://www.nbcnews.com/news/us-news/map-protests-rallies-george-floyd-spread-across-country-n1220976

3- George Floyd death: The man who sheltered 80 US protesters. BBC.
https://www.bbc.com/news/av/world-us-canada-52896871/
george-floyd-death-the-man-who-sheltered-80-us-protesters

4- Comunicado de la Secretaría General de la OEA. 16 de octubre del 2019.
https://www.oas.org/es/centro_noticias/comunicado_prensa.asp?sCodigo=C-081/19

5- Estimating Global Civilian-Held Firearms Numbers. Aaron Karp. Junio del 2018. http://www.smallarmssurvey.org/fileadmin/docs/T-Briefing-Papers/SAS-BP-Civilian-Firearms-Numbers.pdf

6- Joe Biden would not remake american economy. The Economist. 3 de octubre 2020

https://www.economist.com/briefing/2020/10/03/joe-biden-would-not-remake-americas-economy

7- The US will become 'minority white' in 2045, Census projects. William H. Frey. Brookings. 14 de marzo del 2018. https://www.brookings.edu/blog/the-avenue/2018/03/14/the-us-will-become-minority-white-in-2045-census-projects/

8- An examination of the 2016 electorate, based on validated voters. Pew Research Center, U.S Politics & Policy. https://www.pewresearch.org/politics/2018/08/09/an-examination-of-the-2016-electorate-based-on-validated-voters/

9- Bernie Sanders's real base is diverse — and very young. Tara Golshan. Vox. 7 de marzo del 2019. https://www.vox.com/2019/3/7/18216899/bernie-sanders-bro-base-polling-2020-president
These Are the Voters Who Could Decide the Election. Stephanie Valencia. NYT. 6 de mayo del 2020. https://www.nytimes.com/2020/05/06/opinion/latino-voters-2020-election.html

10- https://thehill.com/changing-america/respect/diversity-inclusion/515953-first-time-voters-make-their-voices-heard-on

11- What We Thought We Knew: 2016 Voter Turnout Expectations And Reality. Karlyn Bowman. Forbes. 25 de mayo del 2017.

12- EU referendum: youth turnout almost twice as high as first thought. Toby Helm. The Guardian. 10 de julio del 2016. https://www.theguardian.com/politics/2016/jul/09/young-people-referendum-turnout-brexit-twice-as-high

13- Gen Z: Politically Leaning to the Left. Emily Seymour. 25 de agosto del 2019.

https://www.voanews.com/student-union/gen-z-politically-leaning-left

14- European Parliament election results: The long view. Nicolas Véron. 29 de mayo del 2019.
https://www.bruegel.org/2019/05/european-parliament-election-results-the-long-view/

15- Salvini plantea un referendo en Italia sobre la salida de la UE ante el «egoísmo» de Bruselas. La Voz de Galicia. 3 de abril del 2020.
https://www.lavozdegalicia.es/noticia/internacional/2020/04/03/salvini-plantea-referendo-italia-sobre-salida-ue-ante-egoismo-bruselas/0003_202004G3P30994.htm

16- Annual youth unemployment rate in Italy from 2004 to 2020. Statista.
https://www.statista.com/statistics/776931/youth-unemployment-rate-in-italy/

17- How Italy turned Euroskeptic. Naomi O' Leary. Diciembre del 2017.
https://www.politico.eu/article/italy-euroskeptic-surge-migration-crisis-eu/

18- Clio Infra.
https://clio-infra.eu/Countries/Italy.html
The World Bank
https://data.worldbank.org/indicator/NY.GDP.PCAP.KD?locations=IT

19- Italy GDP Growth Rate 1961-2020. Macrotrends. https://www.macrotrends.net/countries/ITA/italy/gdp-growth-rate

20- Trading Economics.
https://tradingeconomics.com/italy/gdp-per-capita

21- A tale of two economies. The Economist. 16 de mayo del 2015.
https://www.economist.com/finance-and-economics/2015/05/16/a-tale-of-two-economies

22- Share of the population at risk of poverty in Italy in 2018, by region. Statista.
https://www.statista.com/statistics/647996/at-risk-of-poverty-rate-italy-by-region/

23- A Duthc dilemma. The Economist. 11 de julio del 2020. https://www.economist.com/europe/2020/07/11/a-dutch-dilemma
IMF
https://www.imf.org/external/datamapper/pb@FPP/ITA

24- Impact of virus on Italy's economy laid bare in EU forecasts. Francesco Guarascio. Reuters. 6 de mayo de 2020. https://www.reuters.com/article/us-health-coronavirus-eu-italy/impact-of-virus-on-italys-economy-laid-bare-in-eu-forecasts-idUSKBN22I145

25- Millennials Will Become Richest Generation In American History As Baby Boomers Transfer Over Their Wealth. Jack Kelly. Forbes. 26 de octubre del 2019. https://www.forbes.com/sites/jackkelly/2019/10/26/millennials-will-become-richest-generation-in-american-history-as-baby-boomers-transfer-over-their-wealth/#2f8be2b56c4b

26- Annual Homeownership Rates for the United States by Age Group: 1982–2019
https://www.census.gov/housing/hvs/data/charts/fig07.pdf

27- Federal Reserve.

28- Gen Z more likely than other generations to want an activist government. Pew Research Center, Social & Demograpich Trends. 1 de mayo de 2020. https://www.pewsocialtrends.org/essay/on-the-cusp-of-adulthood-and-facing-an-uncertain-future-what-we-know-about-gen-z-so-far/psdt_05-07-20_genz-3/

29- United States Households Debt To GDP 1952-2019. Trading Economics. https://tradingeconomics.com/united-states/households-debt-to-gdp

30- France Households Debt To GDP 1977-2019. https://tradingeconomics.com/france/households-debt-to-gdp

31- United Kingdom Households Debt To GDP 1966-2019.

https://tradingeconomics.com/united-kingdom/households-debt-to-gdp

32- The High Price of Debt: Household financial debt and its impact on mental and physical health. Elizabeth Sweet, Arijit Nandi, Emma Adam, Thomas McDade. 1 de Agosto del 2014.
https://www.ncbi.nlm.nih.gov/pmc/articles/PMC3718010/

33- How Gen Z Plans To Avoid Student Loans. Gabrielle Olya. https://finance.yahoo.com/news/gen-z-plans-avoid-student-194226142.html

34- Internal migration in the United States. Molloy, Raven; Smith, Christopher L.; Wozniak, Abigail. 2011.

Pandenomics

1- Berkshire Hathaway CEO Warren Buffett reflects on lessons from the stock market crash of 1929, including those he learned from his own father. Youtube. https://www.youtube.com/watch?v=y5rr1RPdcyM

2- How to Watch Berkshire Hathaway's 2019 Annual Shareholder Meeting. Lucinda Shen. Fortune. 4 de mayo del 2019.
https://fortune.com/2019/05/04/berkshire-hathaway-annual-meeting-how-to-watch-live-online/

3- If You Had Invested in Berkshire Hathaway When Buffett Took Over. Gabe Alpert. Investopedia. 21 de mayo del 2020.
https://www.investopedia.com/articles/markets/020916/if-you-had-invested-right-after-berkshire-hathaways-ipo-brka.asp

4- Bloomberg.

5- Financial Statements BERKSHIRE HATHAWAY INC. https://www.berkshirehathaway.com/qtrly/1stqtr20.pdf

6- The May unemployment rate is expected to be near 20% as millions more lost jobs. Patti Domm. CNBC. 4 de junio del 2020.

https://www.cnbc.com/2020/06/04/the-may-unemployment-rate-is-expected-to-be-near-20percent-as-millions-more-lost-jobs.html

7- America's unemployment rate falls to 13.3% as economy posts surprise job gains. Anneken Tappe. CNN Business. 5 de junio del 2020.
https://edition.cnn.com/2020/06/05/economy/may-jobs-report-2020-coronavirus/index.html

8- Campari Group. Shaken Not Broken.
https://shakennotbroken.camparigroup.com.au

9- QE infinity? The European Central Bank's emergency stimulus has no real end in sight. Silvia Amaro. CNBC. 5 de junio del 2020.
https://www.cnbc.com/2020/06/05/ecb-coronavirus-stimulus-expected-to-continue-as-inflation-remains-low.html

10- Don't worry about inflation—yet. The Economist. 4 de junio del 2020.
https://www.economist.com/leaders/2020/06/04/dont-worry-about-inflation-yet

11- Emerging markets launch QE, too. The Economist. 7 de mayo.
https://www.economist.com/fnance-and-economics/2020/05/07emerging-markets-launch-qe-too

12- Bloomberg

13- Is the world economy recovering? The Economist. 16 de septiembre del 2020.
https://www.economist.com/finance-and-economics/2020/09/16/is-the-world-economy-recovering

14- Why Stock Buybacks Are Dangerous for the Economy. William Lazonick , Mustafa Erdem Sakinç y Matt Hopkins. Harvard Business Review. 7 de enero del 2020.
https://hbr.org/2020/01/why-stock-buybacks-are-dangerous-for-the-economy

15- The Black Hole Engulfing the World's Bond Markets. John Ainger. The Whashington Post. 6 de marzo del 2020.

https://www.washingtonpost.com/business/the-black-hole-engulfing-the-worlds-bond-markets/2020/03/06/1a155ba8-5fc7-11ea-ac50-18701e14e06d_story.html

16- Bloomberg

17- Bloomberg

18- Rendimiento del bono aleman a 30 años en abril del 2020 tomando una inflacion proyectada annual del 1,3%.

19- Japan: Inflation rate from 1984 to 2021. Statista https://www.statista.com/statistics/270095/inflation-rate-in-japan/

20- Annual inflation up to 1.3% in the euro area. Eurostat. https://ec.europa.eu/eurostat/documents/2995521/10159211/2-17012020-AP-EN.pdf/12e497ea-cfce-c8ae-acf5-2b97b5076ba0

21- Federal Reserve announces extensive new measures to support the economy. FED. 23 de marzo. https://www.federalreserve.gov/newsevents/pressreleases/monetary20200323b.htm

22- As euro zone recession deepens, ECB to scale up bond buying next month. Richa Rebello. Reuters. 14 de Mayo de 2020.
https://www.reuters.com/article/us-eurozone-economy-poll/as-euro-zone-recession-deepens-ecb-to-scale-up-bond-buying-next-month-idUSKBN22R01R
Trading Economics. Euro Area GDP.
https://tradingeconomics.com/euro-area/gdp

23- CPI Inflation Calculator. Ian Wabster. Official Data Foundation.
https://www.officialdata.org/us/inflation/1800?endYear=1900&amount=1

24- 5 Year 5 Year Forward Inflation Expectation. Macrotrends. https://www.macrotrends.net/2584/5-year-5-year-forward-inflation-rate-chart

25- Eurozone slides into deflation for the first time in four years. Martin Arnold. Financial Times. 1 de septiembre del 2020.

https://www.ft.com/content/e1cfcc75-9349-43eb-b827-ad099a61a44c26- The Financial Times

26- Carbon Tax and Revenue Recycling: Revenue, Economic, and Distributional Implications. Kyle Pomerleau y Elke Asen. Noviembre del 2019. Tax Foundation. https://files.taxfoundation.org/20191105134952/Carbon-Tax-and-Revenue-Recycling-Revenue-Economic-and-Distributional-Implications-PDF.pdf

27- Policy Insights from comparing carbon pricing modeling scenarios. Alexander R. Barron, Marc A. C. Hafstead, Adele C. Morris. 7 de mayo del 2019. Brookings. https://www.brookings.edu/wp-content/uploads/2019/05/ES_20190507_Morris_CarbonPricing.pdf

28- General Sales Taxes and Gross Receipts Taxes. Urban Institute. https://www.urban.org/policy-centers/cross-center-initiatives/state-and-local-finance-initiative/projects/state-and-local-backgrounders/sales-taxes

29- Los Angeles Tops INRIX Global Congestion Ranking. Inrix. https://inrix.com/press-releases/scorecard-2017/

30- A world of free movement would be $78 trillion richer. The Economist. 13 de julio del 2017. https://www.economist.com/the-world-if/2017/07/13/a-world-of-free-movement-would-be-78-trillion-richer

31- Economics and Emigration: Trillion-Dollar Bills on the Sidewalk?. Michael A. Clemens. 2011. https://pubs.aeaweb.org/doi/pdfplus/10.1257/jep.25.3.83

32- Fertility, mortality, migration, and population scenarios for 195 countries and territories from 2017 to 2100: a forecasting analysis for the Global Burden of Disease Study https://www.thelancet.com/article/S0140-6736(20)30677-2/fulltext

Liberalismo en crisis

1- Gorbachev Stops Motorcade to Greet New Yorkers. Judie Glave. The Associated Press. 8 de diciembre de 1988.

https://apnews.com/7fff8f9cde8657fd364274df9f1a9751

2- Text of Gorbachev's Speech to the United Nation. The Associated Press. 8 de diciembre de 1988. https://apnews.com/1abea48aacda1a9dd520c380a8bc6be6

3- Revolution 1989, The Fall Of The Soviet Empire. 2010. Victor Sebestyen. Pagina 19.

4- Nov. 9, 1989: Tom Brokaw reports from the Berlin Wall. NBC News. https://www.nbcnews.com/feature/flashback/video/brokaw-reports-from-the-berlin-wall-337455683615

5- State of Berlin and the BerlinOnline Stadtportal GmbH & Co.

6- The Man Who Disobeyed His Boss And Opened The Berlin Wall. Soraya Sarhaddi Nelson. 6 de noviembre del 2014.

7- Population Aspects of Communist Countries. Nicholas Eberstadt. https://www.aei.org/articles/population-aspects-of-communist-countries/

8- Margaret Thatcher: the public view 40 years on. Matthew Smith. YouGov. 3 de mayo del 2019 https://yougov.co.uk/topics/politics/articles-reports/2019/05/03/margaret-thatcher-public-view-40-years

9- Who Americans believe the best president is. Linley Sanders. YouGov. 4 de febrero del 2020. https://today.yougov.com/topics/politics/articles-reports/2020/02/04/americas-best-president-poll

10- Global Extreme Poverty. Max Roser y Esteban Ortiz-Ospina. Our World in Data. 2019. https://ourworldindata.org/extreme-poverty

11- Tax foundation.

12- How many pages of regulations for 'Obamacare'?. Glenn Kessler. The Washington Post. 15 de mayo del 2013. https://www.washingtonpost.com/blogs/fact-checker/post/how-many-pages-of-regulations-for-obamacare/2013/05/14/61eec914-bcf9-11e2-9b09-1638acc3942e_blog.html

13- Brazil's Massive Tax Code May Face Moment of Reckoning. Simone Preissler Iglesias. Bloomberg. 5 de noviembre del 2019.
https://www.bloomberg.com/news/articles/2019-11-05/brazil-s-massive-tax-code-could-be-majorly-revamped

14- US Health Care Inflation Rate. Ycharts.
https://ycharts.com/indicators
us_health_care_inflation_rate

15- The Cost of Federal Regulation to the U.S. Economy, Manufacturing and Small Business. W. Mark Crain y Nicole V. Crain. 10 de septiembre del 2014.
https://www.nam.org/wp-content/uploads/2019/05/Federal-Regulation-Full-Study.pdf

16- Unemployment Rate. Trading Economics.
https://tradingeconomics.com/country-list/unemployment-rate

17- Institutions, Lobbying, and Economic Performance. Jac C. Heckelman y Bonnie Wilson.
ftp://ftp.repec.org/opt/ReDIF/RePEc/slu/wpaper/bonnie_wilson/EF_lobby_h.pdf

18- Hungary's Authoritarian Takeover Puts European Union at Risk. Philippe Dam. Human Rights Watch. 1 de abril del 2020.
https://www.hrw.org/news/2020/04/01/hungarys-authoritarian-takeover-puts-european-union-risk

19- Chinese Tycoon Who Criticized Xi's Response to Coronavirus Has Vanished. Javier C. Hernández. New York Times. 16 de marzo del 2020.
https://www.nytimes.com/2020/03/14/world/asia/china-ren-zhiqiang.html

20- En medio de la pandemia Bolsonaro encabeza marcha a favor del cierre del Congreso. Abel Gilbert. 20 de abril del 2020.

21- https://www.lanacion.com.ar/opinion/cristina-justicia-es-mia-nid2462029

22- Trump suggests U.S. shouldn't bail out Democratic-run states. Robert Schroeder. Market Watch. 27 de abril del 2020.
https://www.marketwatch.com/story/trump-suggests-us-shouldnt-bail-out-democratic-run-states-2020-04-27

23- Homenaje a Mario Bunge: "Menem no fue peronista; Kirchner, sí". Jorge Fontevecchia. Diario Perfil. 29 de febrero de 2020.
https://www.perfil.com/noticias/elobservador/menem-no-fue-peronista-kirchner-si.phtml

24- Europe's €750bn rescue package sets a welcome precedent. The Economist. 25 de julio del 2020.
https://www.economist.com/leaders/2020/07/25/europes-eu750bn-rescue-package-sets-a-welcome-precedent

25- Dan Patrick on coronavirus: 'More important things than living'. Doha Madani. NBC News. 21 de abril del 2020.
https://www.nbcnews.com/news/us-news/texas-lt-gov-dan-patrick-reopening-economy-more-important-things-n1188911

26- Lifting lockdowns: the when, why and how. The Economist. 23 de mayo del 2020.
https://www.economist.com/leaders/2020/05/23/lifting-lockdowns-the-when-why-and-how

27- Mortality Risk of COVID-19. Hannah Ritchie, Esteban Ortiz-Ospina, Diana Beltekian, Edouard Mathieu, Joe Hasell, Bobbie Macdonald, Charlie Giattino, and Max Roser. Our World in Data.
https://ourworldindata.org/mortality-risk-covid

28- A manifesto for renewing liberalism. The Economist. 13 de septiembre del 2018.
https://www.economist.com/leaders/2018/09/13/a-manifesto-for-renewing-liberalism

29- The Economic Effects of the Trans-Pacific Partnership: New Estimates.
Peter A. Petri y Michael G. Plummer. Enero del 2016.
https://www.piie.com/publications/working-papers/economic-effects-trans-pacific-partnership-new-estimates